Asahi Keywords for Employment Tests 2025

朝日キーワード
就職
2025
最新時事用語
&一般常識

JN049836

[この本の特長と使い方]

就職活動で必要な最新時事用語と一般常識をコンパクトにまとめました。

①巻頭には2023年に話題になった人を取り上げています。

②時事用語解説は、「ニュースを読み解く時事キーワード」として、政治、国際関係、経済、医療・福祉、労働、教育、環境・国土・交通、科学・技術、情報・通信、文化、くらし、スポーツ、社会、マスコミ・広告に分類して掲載しています。解説中の重要用語がわかるように赤色で示しています。赤チェックシートを使えば消えるようになっているので、チェックドリルと合わせて確認しながら知識を身につけましょう。

③「必須の一般常識」は社会、国語、英語、数学・理科、文化・スポーツの5ジャンルに分けて掲載しています。赤チェックシートを使って一問一答形式で知識の確認ができます。

電車の中でも気軽に読めるこの1冊をマスターすれば、あなたの就職活動は完璧です。

朝日新聞出版

いま、話題の人

活躍や動向が気になる国内外の人たち12人を取り上げました。

日本人初の大リーグ本塁打王

大谷　翔平（1994年生まれ）
（おおたに　しょうへい）

　岩手県奥州市生まれ。花巻東高校から2012年のドラフト1位で日本ハムに入団。投手と打者の「二刀流」に挑み、14年にプロ野球史上初の同一シーズンでの2桁勝利、2桁本塁打を達成した。18年、23歳で米大リーグ・エンゼルスに入団し、新人王を獲得。21年には9勝を挙げて46本塁打を放ち、ア・リーグMVP。23年、ワールド・ベースボール・クラシックでは日本代表「侍ジャパン」を世界一に導く活躍で、MVPを獲得した。さらに、大リーグ史上初の2年連続の「1シーズンでの2桁勝利、2桁本塁打」を達成、44本塁打で日本選手初の本塁打王に輝いた。

23年シーズン終盤に痛めた右ひじの手術を行ったため、24年は打者に専念、投手としては25年の復帰をめざす

4大大会史上最年少優勝の車いすテニス選手

小田　凱人（2006年生まれ）
（おだ　ときと）

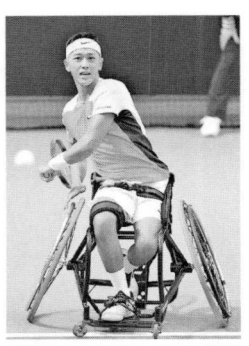

　愛知県一宮市出身。小学生のときはプロサッカー選手を夢見ていたが、9歳のとき左足に骨肉腫を発症し、人工関節にする手術を受けて車いす生活に。入院中、2012年ロンドン・パラリンピックの国枝慎吾さんの試合を映像で見て、車いすテニスの魅力に気づき、10歳から競技を始める。14歳でジュニアの世界ランキング1位になると、22年に15歳でプロ宣言。4大大会初出場の全仏オープンで4強入り。23年1月の全豪オープンで、初の4大大会決勝進出し準優勝。6月、全仏オープンで、最年少で4大大会初優勝を飾ると、7月にはウィンブルドン選手権でも優勝した。

「凱人」の名は、パリの凱旋門から取ったという。24年のパリ・パラリンピックへ向けて、「4年に1度の貴重な舞台で、意識している」と金メダルへ意欲をみせる

パリ五輪へチームを導いた NBA プレーヤー

渡辺　雄太（1994年生まれ）
わたなべ　ゆうた

身長206cm、体重97kg。3点シュートと堅守という二つの武器を磨きあげ、23年7月、フェニックス・サンズとの2年契約を勝ち取った

　横浜市生まれ。国内トップリーグのバスケットボール選手だった両親の下、香川県で育つ。小学1年から本格的にバスケを始めると、尽誠学園高時に日本代表に初招集。卒業後に渡米し、全米大学体育協会（NCAA）1部のジョージ・ワシントン大で活躍して、4年時に主将を務めた。2018年、米プロバスケットボール（NBA）のメンフィス・グリズリーズでデビューし、日本人2人目のNBA選手となる。23年ワールドカップ（W杯）に、唯一のNBA選手として日本代表に参加。代表引退の覚悟で挑んだ大会では、直前の強化試合で足首を負傷しながらも、チームを牽引。五輪出場を決めると、涙を流した。

最年少タイトル獲得の中学生棋士

仲邑　菫（2009年生まれ）
なかむら　すみれ

「日本女子のホープ」ではなく、「日本のホープ」として女流棋戦の枠を超えた活躍が確実視されている

　2023年2月、囲碁の女流棋聖戦でタイトルを奪取した。中学2年生、13歳11カ月でのタイトル獲得は、藤沢里菜女流本因坊の15歳9カ月を大幅に上回る、男女合わせての最年少記録。大阪府出身。プロ棋士の仲邑信也九段と囲碁の元インストラクター幸さんの一人娘。母の手ほどきで3歳で碁を覚えると、7歳から一家3人で囲碁強豪国の韓国に渡って修業を積み、17年、現地の小学生低学年のチャンピオンに。小学5年だった19年、10歳0カ月の史上最年少（当時）でプロ入り。"天才少女"として異例の無試験で採用された。さらなる棋力向上を求めて、韓国棋院への移籍手続きを進める。

難病抱え、デビュー作で芥川賞受賞

市川　沙央 （1979年生まれ）

いちかわ　さおう

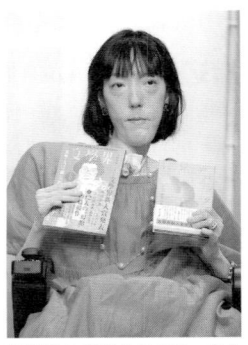

幼少期に全身の筋力が低下する難病の先天性ミオパチーと診断され、14歳から人工呼吸器を使う。外出が難しく、家にいることが多いため読書にふける。20歳を過ぎた頃に「自分も仕事がほしい」と思い、純文学を書き始めたが、挫折。以降はライトノベルに転じ、20年以上にわたって新人賞に投稿を続けた。自信のあったファンタジー作品が落選し、再び純文学に挑戦すると、2023年に「ハンチバック」でデビュー。主人公は人工呼吸器を付け、グループホームで暮らす重度障害者の女性。障害とともに生きる困難と健常者への憤りを、皮肉とユーモアを交えて描いた作品で、文学界新人賞、そして芥川賞に選ばれた。

芥川賞の記者会見では、電動車いすでスロープをのぼり、壇上でフラッシュを浴びた。「読書バリアフリーを進めてほしい」と訴えた

日本人２人目、３大映画祭で受賞

濱口　竜介 （1978年生まれ）

はまぐち　りゅうすけ

川崎市生まれ。映画監督・脚本家。東京大学文学部に進学すると、映画研究会へ。卒業後は映画の助監督、テレビの制作現場を経験し、東京芸術大学大学院映像研究科へ進む。在籍中に撮った「PASSION」で世界の注目を浴びると、21年にベルリン国際映画祭で「偶然と想像」が審査員大賞、カンヌ国際映画祭で「ドライブ・マイ・カー」が脚本賞を受賞。後者は22年に米アカデミー賞国際長編映画賞も受賞した。23年９月には、ベネチア国際映画祭で「悪は存在しない」が銀獅子賞（審査員大賞）に選ばれ、３大映画祭すべてで受賞を果たした。日本の監督では黒澤明監督以来、２人目となる。

黒澤監督は３大映画祭すべての受賞に29年かかったが、濱口監督はわずか２年で世界的快挙を成し遂げた

戦い続けるウクライナ大統領

ボロディミル・ゼレンスキー（1978年生まれ）

ロシアの侵攻が始まって以降、カーキ色の服に無精ヒゲがなじみとなった

　ウクライナ・クリビーリフ出身。大学在学中からコメディアンとして活動し、人気者に。政治経験ゼロながら、知名度を武器に2019年の大統領選で当選を果たす。クリミア半島を併合したロシアとの紛争解決では、20年7月に完全停戦を実現する具体的措置で合意。しかし、ロシアは合意が実現しない責任をウクライナに押しつけ、22年2月に侵攻に踏み切った。ロシアは暗殺を何度も企てたとされ、米国から国外への避難を勧められたが、「キーウに残る、最後まで戦う」と宣言。SNSを活用して国民を鼓舞し、国際社会から支援を取り付ける。最前線を自ら訪れ、兵士をねぎらう。その姿が国に勇気をもたらしている。

新幹線乗り入れめざす函館市長

大泉　潤（1966年生まれ）
おおいずみ　じゅん

当選後、携帯電話に届いたお祝いメッセージは、3桁を超えた。弟からも短く、「よくやったね、おめでとう！」とお祝いが届いたという

　北海道江別市出身。早稲田大学卒業後、函館市役所に入り、秘書課長や観光部長などを務めた。2023年4月の函館市長選に出馬すると、現職の4選を阻み、初当選を果たす。実弟は俳優の大泉洋さんで、「弟の知名度がなければ当選はなかった」と感謝した。函館は、明治維新の史跡五稜郭やレトロな建築、夜景が全国的に著名な観光地だが、人口減少で地盤沈下が進む。市長選では、起爆剤として函館－新函館北斗間の在来線区間に新幹線が乗り入れる「ミニ新幹線」方式の構想を掲げ、市長就任後には23年度一般会計当初予算に調査費を計上した。夢物語と見る向きもあるが、実現の可能性を探る。

４千人超から選ばれた宇宙飛行士候補

諏訪　理（すわ　まこと）（1977年生まれ）

米田　あゆ（よねだ）（1995年生まれ）

　2023年２月、宇宙航空研究開発機構（JAXA）の新たな宇宙飛行士候補に選ばれた２人。13年ぶりの選考試験で、２千倍超の過去最高の倍率をくぐり抜けた。今後、基礎訓練を経て宇宙飛行士に認定される。米国主導の有人月探査「アルテミス計画」で、日本人初の月面着陸を果たす宇宙飛行士になるかもしれない。

　諏訪さんは東京都出身。米プリンストン大学大学院地球科学研究科修了後、青年海外協力隊員としてルワンダで高校教育などをした。14年からは世界銀行で、アフリカの防災や気候変動対策を担当。子ども時代を茨城県つくば市で過ごし、筑波宇宙センターによく行ったという。前回も受験し、２度目の挑戦だった。46歳での合格は、歴代最年長。

　米田さんも東京都出身。19年に東京大学医学部医学科を卒業後、東大病院、日本赤十字社医療センターで勤務した。向井千秋さん、山崎直子さんに続く３人目の女性飛行士の候補で、最年少の日本人飛行士になる可能性がある。幼少期に父親からもらった向井さんの伝記に感銘を受け、宇宙飛行士を志したという。

諏訪さん（左）と米田さん。正式に認定されると、JAXAの宇宙飛行士としては12、13人目となる。選抜は、自然科学系の大学卒といった応募条件がなくなり、過去最多の4127人の応募が寄せられた

戦後初の学者出身、日銀総裁

植田　和男 （1951年生まれ）
（うえだ　かずお）

　2023年4月、任期満了を迎えた日本銀行の黒田東彦氏の後任として、総裁に就任。日銀総裁はこれまで日銀出身者と財務省（旧大蔵省）出身者でほぼ占められており、戦後初の学者出身の総裁となった。静岡県出身。東京大学理学部数学科を卒業した後、米マサチューセッツ工科大博士課程修了。マクロ経済学や金融論を専門とする経済学者で、金融政策研究のエキスパートとして海外でも知られる。1998年からは日銀の審議委員を7年間務めた。黒田前総裁の下で10年間続いた緩和の効果や副作用を検証し、経済情勢を見極めながら金融政策の正常化を探ることが最大の課題となる。

日銀執行部の提案を丸のみせず、金融引き締めに反対したこともある。審議委員を退任する際、当時の福井俊彦総裁から「大変手ごわい委員、だが頼りになる委員」と送別された

「車好き」のトヨタ新社長

佐藤　恒治 （1969年生まれ）
（さとう　こうじ）

　創業家出身のトヨタ自動車の豊田章男社長から後任に指名され、2023年4月、新社長に就任した。東京都出身。豊田氏が後任社長の条件に挙げた「若さと車好き」の通り、早稲田大理工学部ではディーゼルエンジンを研究。ガソリンスタンドでアルバイトをしながら、愛車の改造に明け暮れた。1992年、トヨタ自動車に入社。エンジニアとしてカローラやプリウスの部品開発を担当。豊田氏肝いりの水素エンジン車開発や、富士スピードウェイ一帯の「富士モータースポーツフォレスト」開発を主導した。大変革期にある自動車産業。電気自動車（EV）戦略の立て直しなど、山積する課題に向き合うことになる。

最近、トヨタの旧型スポーツ車「AE86」を買って、自宅で分解したという。「車をつくることが大好きで、車をつくり続ける社長でありたい」と就任の意気込みを語った

Contents 目次

◎いま、話題の人

◎ニュースを読み解く時事キーワード

■ 政治

広島でＧ７サミットが開催され、ウクライナのゼレンスキー大統領も来日、岸田文雄首相と会談した＝2023年５月

国際関係

2022年に世界の人口が80億人を超え、23年には中国に代わってインドが人口世界１位に

経済

新型コロナの感染症法上の分類が「5類」に移行し、各地ににぎわいが戻った＝2023年7月、東京・浅草

人口減が進み、赤字ローカル線のあり方が問われる中、対応策を話し合う協議会を国が設置できる法律が施行された＝2023年6月、広島市

大阪・関西万博のオフィシャルストアがオープン。公式キャラクターのミャクミャクが「一日店長」を務めた＝2023年9月、大阪市

バスケ・男子W杯でアジア最上位となり、パリ五輪出場を決めた日本代表の選手たち＝2023年9月

◎必須の一般常識

本書の内容は2023年10月16日時点の情報に基づいて作成しています。

執筆者：森田圭祐（フリーランスエディター）

デスク：佐藤聖一

編集スタッフ：植村美香、森田圭祐

DTP：服部記子（朝日新聞総合サービス）

校閲：藤井広基、大橋美和、小倉亜紀、畝佳子、山田欽一、澁谷周平（朝日新聞総合サービス　出版校閲部）

編集協力：エディポック

写真：朝日新聞社データベース事業部

図版：報図企

装丁＋本文デザイン：神田昇和

ニュースを読み解く時事キーワード

岸田政権、発足2年

　2023年10月、岸田政権が発足して2年が過ぎた。24年9月と想定される自民党総裁選での再選をめざす首相が、いつ衆議院を解散するかに注目が集まる。

内閣改造後、記者会見する岸田文雄首相＝2023年9月

　世界平和統一家庭連合（旧統一教会）と自民党議員の関係が問題となった22年夏から、政権の不支持率が支持率を上回る状況が続いていたが、23年5月のG7広島サミット〔➡20ページ〕開催を受けて、支持率が上昇。6月の通常国会終盤、首相が解散に含みを持たせる発言をすると、解散風が吹き荒れた。公明党との関係悪化など不安材料を解消できず、解散は見送ったが、防衛財源確保法などの重要法案を成立させた。その後、マイナ保険証〔➡23ページ〕の誤登録などを受け、不支持率が再び支持率を上回った。

　支持率回復を狙った9月の内閣改造人事では、効果は限定的だった。しかし、10月の臨時国会を前に、肝いりの経済対策をめぐって、首相は再び解散風を吹かせた。

　世論の追い風を受けて解散・総選挙、そして党総裁選で再選をもくろむ首相だが、「解散カード」の乱用には野党だけでなく与党内からも反発が出る恐れがある。

関連用語　国民民主党との連立構想

　自公政権に、国民民主党を加える「連立」構想が政界をにぎわせている。連立を組んだ場合、自民は国民民主を支持する電力総連など四つの労働組合を引き込める。国民民主も、与党として独自政策を実現できる。しかし、連立となれば政策の一致は欠かせず、選挙区調整は困難だ。クリアすべき課題は多く、政策協議に限った「閣外協力」が現実的との見方が強い。

岸田首相襲撃事件

2023年4月、衆院補選の応援演説で和歌山市の雑賀崎漁港を訪れた岸田文雄首相の近くに筒状のものが投げ込まれ、間もなく爆発した。岸田首相にけがはなかったが、聴衆と警察官の計2人が軽傷を負った。爆発物を投げた20代の無職の男が現場で取り押さえられ、演説を妨害したとして威力業務妨害の疑いで現行犯逮捕された。

男は被選挙権をめぐる裁判を起こすなど、選挙制度に不満があったとみられるが、黙秘を続けた。約3カ月間、精神状態を調べるため鑑定留置されたが、和歌山地検は9月、善悪の判断に影響する大きな精神疾患は認められなかったとして、男を殺人未遂や爆発物取締罰則違反などの罪で起訴した。

維新の会、統一地方選で躍進

2023年春の統一地方選で、日本維新の会が躍進した。

大阪ダブル選では、知事選で現職の吉村洋文氏が再選、大阪市長選では前府議の横山英幸氏が初当選し、地域政党・大阪維新の会がいずれも勝利した。大阪維新は大阪府議選、大阪市議選でも過半数を獲得。奈良県知事選では日本維新の会の候補が当選を果たし、大阪以外で初の公認首長を誕生させた。衆参の補欠選挙では、衆院和歌山1区で議席を獲得した。

馬場伸幸代表は全国政党化と野党第1党の座を狙う。また、大阪ではこれまで、維新が大阪市議会で過半数を持っておらず、公明党の協力を得て看板政策・大阪都構想を推進させるため、公明党の現職のいる衆院の大阪・兵庫の計6選挙区で候補を立ててこなかった。しかし、大阪市議会選で過半数を得たことから、維新は次の衆院選で6選挙区すべてに対立候補を擁立すると表明した。

自民党改憲4項目

　2018年に当時の安倍晋三首相（自民党総裁）の下でまとめられた、①憲法9条の改正②大規模災害時の国会議員の任期延長などを含む緊急事態条項の創設③教育の無償化④参院選挙区の合区解消、の4項目。

　改憲の原案は衆参各院の憲法審査会が過半数で可決し、各本会議で3分の2以上が賛成すれば、憲法改正案として国民投票に向けて発議される。自民党で伝統的に憲法改正から距離を置いてきた宏池会出身の岸田文雄首相は、もともとは改憲に積極的ではないとみられてきた。しかし、22年7月の参院選の結果、憲法改正に積極的な4党（自民、公明、維新、国民）が衆参で3分の2の議席を確保したことから、憲法改正について「実現に向け国会での議論をリードしていきたい」と述べ、改憲論議を進める考えを示した。

　ただ、改憲に前向きな4党だが、主張は異なり、議論の行方は見通せない。例えば9条改正への対応では、自民と維新は「戦争放棄」「戦力の不保持」を定めた1項と2項を維持したまま、自衛隊を明記することを公約に掲げる。公明は自衛隊について、公約で「多くの国民は違憲の存在とみていない。引き続き検討を進める」と慎重な態度を示しているなど、姿勢に違いがある。

改憲4項目のポイント

◎9条	1項、2項を維持したまま、両項の規定は国民の安全を保つため「必要な自衛の措置をとることを妨げない」として、そのための実力組織として自衛隊を保持
◎緊急事態	大地震その他大規模災害時に限って①国民の生命などを保護するため内閣に緊急政令の制定権を認め②選挙が適正に実施できない時は国会議員の任期の特例を定めることができる
◎教育	経済的理由にかかわらず教育を受ける機会を確保するなど、国に教育環境整備の努力を求める
◎合区の解消	参院の3年ごとの改選で各都道府県から少なくとも1人以上の議員を選べるようにすることができる。衆院も含めた選挙区の画定には人口以外の要素も総合的に勘案

候補者男女均等法

女性議員を増やすことを後押しする初めての法律。2018年5月に成立・施行された。国会と地方議会の議員の選挙で、「男女の候補者の数ができる限り均等となることをめざす」と規定。政党とその他の政治団体に対し、候補者数の目標を定めるなど自主的な取り組みを求めた。

22年の第26回参議院議員選挙では全候補者に占める女性の割合が33.2％と、衆院選を含めた戦後の国政選挙で初めて3割を超えた。一方、23年4月の41道府県議選の女性候補者の比率は15.6％で、政府が掲げる候補者の女性比率を「25年までに35％に上げる」という目標を大きく下回った。

男女格差、政治は138位

世界経済フォーラム（WEF）が2023年6月に発表した、世界各国の政治や経済などの「男女平等」度合いを指数化した23年版「ジェンダーギャップ報告書」によると、日本は調査対象となった146カ国のうち125位（前年は116位）で、06年の発表開始以来、順位が最低だった。

報告書では、教育・健康・政治・経済の4分野を分析。男女が100％平等な状態に対し、日本の達成率は64.7％。教育や健康ではほぼ平等を達成しつつある一方、政治と経済の分野で後れをとる。衆院議員の女性比率は10％（48人）で、女性閣僚も少ない現状を反映した政治は、達成率が5.7％（世界138位）と低迷。経済も、企業で役員・管理職の登用が進まないことなどから達成率は56.1％（同123位）にとどまる。

1位はアイスランド（達成率91.2％）で、14回連続で首位を堅持した。最下位はアフガニスタン（同40.5％）だった。

G7広島サミット

　2023年5月、被爆地・広島で主要7カ国首脳会議（G7サミット）が開催された。サミットの日本開催は7回目。

　岸田文雄首相が原爆ドームのある平和記念公園でG7首脳らを迎えると、そろって平和記念資料館を視察した。広島選出の岸田首相にとって「核兵器のない世界」はライフワークの一つで、G7首脳として初めて核軍縮に関する独立した文書「広島ビジョン」を発出した。また、ロシアによるウクライナ侵攻〔●32ページ〕を強く非難し、ウクライナ支援の継続で一致。「核兵器のない世界」の実現をめざすことも表明した。ウクライナのゼレンスキー大統領も来日。G7の国のほか、インド、インドネシアの首脳と二国間会談を行った。

IR（カジノを含む統合型リゾート）

　カジノを含む統合型リゾート（IR=Integrated Resort）は、国際会議場やホテルを集めた施設で、カジノを設けて海外からの集客力を高め、収益性を上げる。

　2018年に成立した国内にIRをつくるための実施法と、懸念されるギャンブル依存症の対策基本法を受け、全国に最大3カ所つくられる予定。大阪府・市と長崎県から整備計画の申請があり、斉藤鉄夫国土交通相は23年4月、大阪府・市の整備計画を認定した。

　大阪の計画は、大阪・関西万博〔●110ページ〕の予定地でもある夢洲に、カジノ施設のほか、国際会議場やホテルなどを整備する。初期投資は1兆2700億円。今後、カジノ免許付与などの手続きが進めば、日本で初めてのカジノ施設が誕生する。一方、長崎県佐世保市のテーマパーク「ハウステンボス」の敷地内に誘致する計画は、継続審査となった。

安全保障関連３文書

「国家安全保障戦略」「国家防衛戦略」「防衛力整備計画」の三つの文書。この順番で連動し、内容は具体的になっていく。政府は2022年12月、３文書を閣議決定した。

国家安全保障戦略は、今後10年程度を見すえた日本の外交・防衛政策の基本方針を示すもので、第２次安倍政権が2013年に初めてつくった。今回の見直しでは、「反撃能力（敵基地攻撃能力）」を持つ必要があると明記した。

国家防衛戦略は、今後10年間の防衛力強化の目標を示す。敵基地攻撃に使うミサイルの確保やドローンの活用、宇宙・サイバーといった新分野への対応強化などを掲げる。

防衛力整備計画は、今後５年間で整備する戦闘機や護衛艦といった主な装備品の数、必要な予算を定める。

防衛費の増額

岸田文雄首相は2022年５月、バイデン大統領との日米首脳会談で、日本の防衛力を根本的に強化し、防衛費の相当な増額を確保する決意を表明した。

核・ミサイル開発を活発化させる北朝鮮や、軍備増強を進める中国、ウクライナ侵攻後に日本を「非友好国」に指定したロシアなど、日本を取り巻く安全保障環境が厳しさを増していることが背景にある。

日本はこれまで、防衛費を国内総生産（GDP）比でおおむね１％以内に抑えてきたが、北大西洋条約機構（NATO、●33ペ ジ）の目標であるGDP比２％以上も念頭に置きながら、増額する方針。同12月に閣議決定した安保関連３文書には、23年度から５年間の防衛費を現行の1.5倍超の43兆円とすることなどを盛り込んだ。

敵基地攻撃能力（反撃能力）

　政府は2022年12月、閣議決定した安全保障関連３文書〔**➡**21ページ〕で敵基地攻撃能力（反撃能力）の保有を宣言した。敵基地攻撃を可能とするための装備として、「防衛力整備計画」に、米国製の巡航ミサイル「トマホーク」や、改良中の国産ミサイル「12式地対艦誘導弾」を明記した。

　敵基地攻撃能力は、敵のミサイル発射拠点などを直接攻撃する力で、相手に攻撃を思いとどまらせる抑止力を強める狙いがある。歴代内閣は、敵基地攻撃は「合憲」との見解を示してきたが、憲法を踏まえた専守防衛で持つ兵器は必要最小限にとどめ、敵基地攻撃能力は持ってこなかった。しかし、日本を取り巻く安全保障環境が厳しさを増しており、防衛力を強める必要があるとして、転換した。

防衛装備移転三原則

　武器輸出を原則禁じた「武器輸出三原則」に代わって2014年に当時の安倍内閣が決めた方針。①紛争当事国などに該当しない②我が国の安全保障に資すると判断できる③目的外使用や第三国移転をしないと相手国が約束した場合に、武器を輸出したり、国際共同開発に参加したりできる。

　政府は22年３月、ロシアの侵攻が続くウクライナに自衛隊の防弾チョッキを無償提供するため、三原則の運用指針を変更。「国際法違反の侵略を受けているウクライナ」に移転できるとの規定を加えた上でウクライナに譲渡した。

　同12月には、安全保障関連３文書に防衛装備移転三原則や運用指針の見直しの検討を盛り込んだ。現在は「救難、輸送、警戒、監視、掃海」に限っていて、完成品の輸出について、護衛艦や戦闘機も対象に加えることなどを検討している。

マイナ保険証

政府は2022年10月、現在の健康保険証を24年秋に廃止し、マイナンバーカードを健康保険証として利用するマイナ保険証に一本化する方針を打ち出した。法律上、マイナカードは申請に基づく任意取得が原則だが、皆保険制度のもとでのマイナ

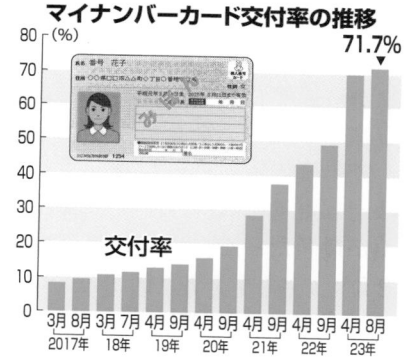

マイナンバーカード交付率の推移

71.7%

交付率

| 2017年 | 18年 | 19年 | 20年 | 21年 | 22年 | 23年 |
| 3月 8月 | 3月 7月 | 4月 9月 | 4月 9月 | 4月 9月 | 4月 9月 | 4月 8月 |

保険証への一本化は、実質的に取得を義務づけることになる。

期限を区切って保険証を廃止することで、カードの普及を一気に進める狙いがある。コロナ禍で給付金の事務に手間取るなど、デジタル行政の遅れが浮き彫りになったため、政府は22年度末までにマイナカードをほぼ全国民に行き渡らせることをめざしていたが、同9月末時点のカード交付率は人口の5割に届かず、普及は伸び悩んでいた。

総額2兆円超を投じたマイナポイント事業と相まって、23年6月末にはカードの交付率が70%に達した。しかし、普及を急ぎすぎたため、トラブルが相次いでいる。マイナ保険証に別人の情報がひもづけられる誤登録が同8月時点で計8441件判明しており、制度を不安視する声が出ている。

関連用語 **デジタル庁に行政指導**

マイナンバーに他人の情報が登録された問題を受け、個人情報保護委員会は2023年9月、デジタル庁に対し、マイナンバー法と個人情報保護法に基づく行政指導をした。本人確認の実効性の確保が不十分だったなどと指摘し、改善を求めた。

ふるさと納税

　個人が自分で選んだ自治体に寄付すると、払う税金が減るという制度。寄付額のうち２千円を超える分が住民税や所得税から控除される仕組みで、実質２千円で寄付先の自治体から様々な返礼品がもらえる。2008年度に始まった。

　22年度の寄付総額は前年度比1.2倍の9654億円、寄付件数は同1.2倍の5184万件で、ともに過去最高を更新した。寄付額が最多だったのは宮崎県都城市（前年度２位）で195億円、２位北海道紋別市（同１位）で194億円、３位北海道根室市（同３位）で176億円。トップ５自治体は前年度と同じ顔ぶれで、これらの自治体の返礼品は人気の肉類、魚介類、果物類。トップ20自治体の寄付額が、全国の寄付総額の２割ほどを占める状態もここ数年続く。一方で、知名度の高くない産品は伸び悩んでいる。

　寄付に伴う23年度の住民税の減収額は、全国で6797億円。市区町村別では、横浜市（272億円）、名古屋市（159億円）、大阪市（148億円）の順。

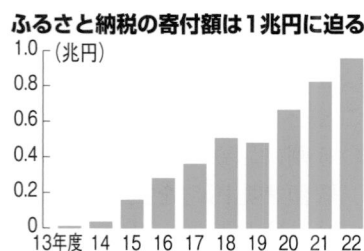

ふるさと納税の寄付額は１兆円に迫る
（兆円）
13年度 14 15 16 17 18 19 20 21 22

関連用語（ **ふるさと納税、経費厳格化** ）

　総務省は、返礼品の調達にかかる費用の割合を寄付額の３割以下、送料や事務費なども含んだ経費の総額を５割以下とするルールを定めている。2023年６月には、寄付金の受領証の発行や送付、住民税の控除に必要な情報の自治体間での共有にかかる費用なども、経費に含めることを決め、10月から厳格化した。また、返礼品として認める地場産品の基準も見直した。加工や製造の主要部分を自治体内で行っていれば原則として認めるが、「熟成肉」と「精米」については、原材料についても同一の都道府県内産であることを求める。

普天間移設問題

米軍普天間飛行場は沖縄県宜野湾市の真ん中にあり、「世界一危険な米軍基地」といわれる。米兵による少女暴行事件を機に、日米両政府は1996年、県内移設を条件に普天間飛行場の返還を決め

工事が進む辺野古沿岸部＝2023年4月

た。2002年には国、県、市が移設先として名護市辺野古沖の埋め立て案で合意。06年には、14年までの辺野古移設完了を決めた。

09年の衆院選で「最低でも県外」と唱えた民主党政権の誕生後、鳩山政権は県外移設を掲げて見直しを模索したが、10年5月、辺野古移設を受け入れた。こうした経緯に沖縄県民の反発が強まり、実現の見通しが遠のいた。しかし、12年末の自公政権発足を経て、日米両政府は13年4月、嘉手納基地以南の米軍施設を段階的に返還する計画で合意した。

国土の0.6％しかない沖縄県に米軍専用施設の7割が集中しており、県民から「沖縄差別だ」との声があがる。22年9月の知事選では現職の玉城デニー氏が再選を決め、13年に仲井真弘多知事（当時）が辺野古埋め立てを承認して以降、知事選は反対派が3連勝となった。

だが、政府は「辺野古が唯一」を崩していない。18年に始まった沿岸部の埋め立て工事では軟弱地盤が見つかった。改良工事の設計変更申請をめぐって国と県で法廷闘争を繰り広げたが、23年9月の最高裁判決で、県の敗訴が確定した。申請を承認する義務が確定したが、玉城氏は承認せず、国は代執行をめぐる訴訟を起こした。

日本の領土問題

尖閣諸島

　沖縄県八重山諸島の北約170kmに散在する五つの島と岩礁の総称で、中国名は「釣魚島」。日本政府は1895年に閣議決定で領土に編入し、沖縄県の一部とした。戦後、1972年の沖縄返還に伴い米国から日本に返還された。68年、周辺に石油資源が埋蔵している可能性が判明すると、70年代以降、中国と台湾が「古来の領土」と主張し始めた。実効支配する日本は、「領土問題は存在しない」との立場だ。

　近年、中国公船などが領海侵犯を繰り返している。2010年9月には、中国漁船が尖閣諸島近海で海上保安庁の巡視船に衝突する事件が起きた。12年4月、東京都の石原慎太郎知事（当時）が尖閣諸島の購入計画を表明。これを受け、当時の野田政権が同9月に国有化した。これに中国側は猛反発。国有化以降、中国の海洋監視船や漁船が尖閣周辺を常時航行しており、接続水域や領海への侵入を繰り返している。

竹島

　日本海に浮かぶ総面積約0.21k㎡の小島と岩礁で、日本と韓国が「固有の領土」と主張している。韓国名は「独島」。日本は1905年、閣議決定を受けて島根県知事が県所属とする告示を出したことを根拠にしている。一方、韓国は、日本が同じ年に韓国から外交権を奪い、5年後に併合した経緯から無効と主張。52年、「李承晩ライン」を設定し、実効支配している。

　韓国の国会議員らがたびたび訪問していたが、2012年8月には現職大統領として初めて李明博大統領（当時）が上陸した。上陸を受けて、日本政府は国際司法裁判所（ICJ）への共同提訴を韓国政府に提案したが、拒否された。島根県が

開く「竹島の日」記念式典（２月22日）など竹島関連の出来事があるたびに、韓国は抗議を続けるなど、対立が続く。

政治

北方領土

　国後島、択捉島、色丹島、歯舞群島からなり、面積は千葉県ほどの広さ。戦前は約１万７千人の日本人が暮らしていたが、1945年８〜９月、第２次世界大戦で日本がポツダム宣言を受諾して降伏した後にソ連が軍を進め、占領した。日本は「固有の領土」として返還を求めているが、ロシアは「大戦の結果としてソ連に移った」と主張し、実効支配している。

　2018年11月、安倍晋三首相（当時）とプーチン・ロシア大統領が会談し、1956年の日ソ共同宣言を基礎に平和条約交渉を加速させることで合意した。56年宣言は平和条約締結後に歯舞群島、色丹島の２島を引き渡すと明記している。日本は北方四島の一括返還を求めていたが、２島の先行返還を軸に進める方針に転換した。

　しかし、交渉は進んでいない。22年２月のウクライナ侵攻〔⮕32ページ〕以降、ロシアは制裁などで欧米と協調する日本への反発を強めており、北方領土での軍事演習など日本周辺での軍事活動を活発化させている。

日本の領土問題

北方領土
領有権を主張している国:日本、ロシア
実効支配をしている国:ロシア

尖閣諸島
領有権を主張している国・地域:日本、中国、台湾
実効支配をしている国:日本

竹島
領有権を主張している国:日本、韓国
実効支配をしている国:韓国

日本国憲法のポイント

◆日本国憲法

大日本帝国憲法（明治憲法）に代わって1946年11月3日公布、47年5月3日施行された現在の憲法。前文と11章103条からなる。

◆基本原理

国民主権、平和主義、基本的人権の尊重。

（大日本帝国憲法の特徴：①欽定憲法②天皇大権③法律で制限された人権④国会は天皇の協賛機関⑤天皇の名において裁判⑥内閣は天皇の輔弼機関⑦天皇の発議による憲法の改正、など）

◆国民主権

国家の政治権力は国民に由来するため、国家の政治のあり方を最終的に決定する権力は国民にあるという考え方。

◆平和主義

平和に第一義的な価値を置く世界観。

◆基本的人権

すべての人間が生まれながらに持っている侵すことのできない永久の権利。個人として尊重され、公共の福祉に反しない限り、立法その他の国政の上で、最大限に尊重される。具体的には、自由権、社会権、平等権、参政権などがある。

◆天皇の地位（1、4条）

天皇は日本国の象徴であり、日本国民統合の象徴であって、その地位は主権の存する日本国民の総意に基づく。天皇の職務は儀礼などにとどまり、国政に関する権能は持っていない。

◆戦争の放棄（9条）

「国権の発動たる戦争と、武力による威嚇又は武力の行使は、国際紛争を解決する手段としては、永久にこれを放棄する」とし、戦力不保持と交戦権の否認を定めている。

◆個人の尊重、幸福追求権（13条）

生命、自由および幸福追求に対する国民の権利については、公共の福祉に反しない限り、立法その他の国政の上で最大の尊重を必要とする。

◆国民の三大義務（26、27、30条）

教育の義務、勤労の義務、納税の義務。

◆三権分立（41、65、76条）

権力の濫用を防ぐため、国家の政治権力を立法権、行政権、司法権に分け、国民の自由や権利を保障しようとする仕組み。

◆国会の地位、立法権（41条）

国権の最高機関であり、国の唯一の立法機関。

◆二院制（42条）

議会が二つの議院で構成されている制度。日本は衆議院と参議院で国会を構成している。一つの合議体は一院制。

◆選挙権と被選挙権（15、44条）

選挙権は満18歳以上の男女が有

する。被選挙権は、衆議院議員は満25歳以上の男女。参議院議員は満30歳以上の男女。（年齢は公職選挙法の規定）

◆議員の任期（45、46条）

衆議院議員は4年。参議院議員は6年で、3年ごとに半数を改選。

◆衆議院の優越（59、60、61、67条）

国会の議決は、衆参両院一致の議決によるが、法律案や予算案の議決、条約の承認、内閣総理大臣の指名などの議決で衆参両院の議決が異なったとき、衆議院の議決（法律案は再可決）を国会の議決とすることができる。また、予算を先に衆議院に提出する予算の先議権も有している。

◆国政調査権（62条）

両議院はそれぞれ国政に関する調査を行い、証人の出頭や証言、記録の提出を要求することができる。

◆内閣（65、73条）

行政権を担当する最高の合議機関。内閣総理大臣とその他の国務大臣で構成される。また、内閣は一般行政事務のほか、次の事務を行う。①法律を誠実に執行し、国務を総理する②外交関係の処理③条約の締結④法律の定める基準に従い、官吏に関する事務を掌理する⑤予算を作成し、国会に提出⑥政令の制定⑦大赦、特赦、減刑、刑の執行の免除および復権の決定。

◆内閣総理大臣と国務大臣（66、67、68条）

内閣の首長であり、行政の最高責任者である内閣総理大臣は、国会議員の中から国会の議決で指名され、天皇によって任命される。国務大臣は内閣総理大臣が任命する。すべて文民であり、過半数は国会議員でなければならない。

◆内閣不信任と解散・総辞職（69条）

内閣は衆議院で不信任の決議案が可決されるか、信任案が否決され、10日以内に衆議院が解散されないときは、総辞職しなければならない。

◆司法権（76条）

司法権は最高裁判所と下級裁判所に属する。大日本帝国憲法下にあった特別裁判所の設置は認めていない。行政機関は、終審として裁判できない。

◆国民審査（79条）

最高裁判所の裁判官は、国民の直接投票による審査を受ける。任命後最初の総選挙時に審査され、その後は10年経過するごとに審査される。投票者の多数が罷免を可とする裁判官は罷免される。

◆違憲立法審査権（81条）

最高裁判所は、一切の法律や命令、規則または処分が憲法に適合するかしないかを決定する権限を持つ「終審裁判所」である。

◆憲法の改正（96条）

憲法の改正は、各議院の総議員の3分の2以上の賛成で国会が発議し、国民投票または国会の定める選挙の際に行われる投票で過半数の賛成を必要とする。承認を経たとき、天皇は国民の名で公布する。

政治

☑ チェックドリル

Question	Answer

□1 2023年10月現在の、日本維新の会の代表は誰か。

1 馬場伸幸

□2 2023年春の統一地方選で行われた知事選で、大阪以外で初となる日本維新の会の公認候補が当選した都道府県はどこか。

2 奈良県

□3 2018年に自民党がまとめた改憲4項目は、憲法9条の改正、緊急事態条項の創設、教育の無償化、もう一つは何か。

3 参院選選挙区の合区解消

□4 2018年5月に成立・施行された、議会選挙で男女の候補者の数ができる限り均等となることをめざす法律を何というか。

4 候補者男女均等法

□5 2023年5月に日本では7回目となるG7サミットが開かれた都市はどこか。

5 広島市

□6 2023年4月に国土交通相からカジノを含む統合型リゾート（IR）の整備計画が認定されたのはどこか。

6 大阪府・市

□7 2022年12月に閣議決定された安全保障関連3文書で、2023年度から5年間の防衛費はいくらとなるか。

7 43兆円

☐**8** 2022年12月に閣議決定された安全保障関連3文書で保有を宣言した、相手領域内のミサイル発射拠点などを直接攻撃する力を何というか。

8 反撃能力
（敵基地攻撃能力）

☐**9** 武器輸出を原則禁じた「武器輸出三原則」に代わって、条件つきで武器の輸出を認める方針を何というか。

9 防衛装備移転三原則

☐**10** マイナンバー制度で公金受取口座の誤登録が相次いだことを受けて、2023年9月に個人情報保護委員会から行政指導を受けた省庁はどこか。

10 デジタル庁

☐**11** 個人が自分で選んだ自治体に寄付すると、払う税金が減るという制度を何というか。

11 ふるさと納税

☐**12** **11**で、2022年度の寄付額が最多となった自治体はどこか。

12 宮崎県都城市

☐**13** 総務省は**11**の返礼品の調達にかかる費用の割合を、寄付額の何割以下と定めているか。

13 3割

☐**14** 米軍普天間飛行場の移設先はどこか。

14 沖縄県名護市辺野古

☐**15** 北方領土とは、択捉島、国後島、歯舞群島、あと一つは何か。

15 色丹島

ロシアのウクライナ侵攻

ロシアは2022年2月24日、旧ソ連の隣国ウクライナへの侵攻を開始した。ロシアのプーチン大統領は、ウクライナ政府による東部住民の「集団殺害」や北大西洋条約機構（NATO）の脅威などを理由に挙げ、同国の

ベラルーシ国境近くで実弾演習の準備をするウクライナ軍兵士＝2023年2月

「非武装化」や「非ナチ化」を進めるとした。

ロシア軍は首都キーウなどウクライナ全土を空爆し、地上軍は東部、南部、北部の3方向から進軍。東・南部の支配をめざしたほか、キーウ近郊にも迫った。しかし、欧米の軍事支援を受けたウクライナ軍の抵抗が想定外に強く、3月下旬にキーウ近郊からの撤退を始めた。8月になると、ウクライナ軍は攻勢を強め、東・南部の占領地を次々に奪還した。一方、ロシアは9月、行き詰まった戦況の立て直しを狙い、一部占領したウクライナ4州の一方的な併合を宣言した。

その後、膠着状態が続いたが、23年6月、ウクライナは反転攻勢を開始した。しかし、ロシア軍は防衛線を築いており、目標とした主要な拠点都市の攻略は難航している。

欧米や日本など西側諸国は、ロシアに厳しい経済制裁を幾重にも科している。しかし、中国などは対ロ貿易を継続しており、効果は限定的だ。国連の中核である安全保障理事会は、常任理事国であるロシアの拒否権により、法的拘束力のある決議は1本も通せていない。停戦のめどは立たず、長期戦の様相を呈している。

NATO の拡大

2023年4月、北大西洋条約機構（NATO）にフィンランドが加盟した。スウェーデンも10月以降に加盟する見通しで、NATOは32カ国に拡大する。

両国は、長らく中立の立場をとってきた。フィンランドはソ連（当時）に侵攻された第2次世界大戦以来、ソ連と

の関係悪化を避けるため、スウェーデンは19世紀前半から、ともに軍事的非同盟を外交方針に据えていた。しかし、ロシアのウクライナ侵攻で方針を転換。22年5月にNATO加盟を申請した。

ロシアは、ウクライナ侵攻に先立ち、NATOの拡大停止を要求していた。しかし、2国の加盟で、北極圏から地中海まで加盟国が並んで対ロシアの防衛ラインが築かれることになり、ロシアが望んだのとは逆の結果となった。

関連用語 （北大西洋条約機構（NATO））

第2次世界大戦後の1949年、旧ソ連（現在のロシアなど）に対抗する米国主導の軍事機構として米国、英国、フランスなど計12カ国で設立した。集団防衛義務を定めている。一方、ソ連など共産圏諸国は55年にワルシャワ条約機構を設立し、冷戦期は東西の軍事同盟が対立する構図だった。89年の東西冷戦終結後は役割を徐々に変え、イラクやアフガニスタンなど域外に活動を広げ、対テロが任務の大きな柱になった。また、旧共産圏の東欧諸国やトルコ、バルカン半島などにも拡大している。本部はベルギーのブリュッセル。

QUAD

　日本、米国、豪州、インドの4カ国が安全保障などで協力する枠組み。「4」を意味する英語にちなみ、QUADと呼ばれる。日本が中国を念頭に提唱する「自由で開かれたインド太平洋」（FOIP）を実現するために、民主主義の価値観を共有する4カ国で様々な協力をする。

「対中国」4カ国の立ち位置

日本
経済関係を重視しつつも、尖閣諸島周辺への領海侵入などで緊張

米国
台頭を見据え、同盟国や友好国と関係強化

オーストラリア
関係が極度に悪化。QUADの枠組みでの対中圧力を歓迎

インド
国境問題を抱えるが、「対中包囲網」の形成には消極的

　インド太平洋地域で、軍事的にも経済的にも台頭する中国に対抗するのが狙い。安倍晋三元首相が第1次政権で提唱し、第2次政権発足後の2017年に局長級会談、19年に外相会談が実現し、21年3月の首脳協議に発展した。QUADが発展するにつれ、中国は警戒感を強めている〔●38ページ〕。

IPEF

　米国が検討しているインド太平洋地域の新しい経済圏構想。Indo-Pacific Economic Framework。米国内で自由貿易への反発が根強いことから、環太平洋経済連携協定（TPP、●53ページ）復帰を断念したバイデン大統領が2021年10月に提唱した。経済力と軍事力を背景に自国に有利なルール作りを進める中国を念頭に、貿易やサプライチェーン（供給網）の分野などで協力を深めることを想定している。

　日本や豪州、インド、韓国、東南アジアの各国など13カ国と交渉している。ただ、米国の意向で関税削減による市場開放をめざさないため、参加する利点は乏しい。日本はTPP復帰を呼びかけ続ける方針だ。

トランプ氏、起訴

トランプ前米大統領が2023年３月、起訴された。16年の大統領選期間中に、トランプ氏が元ポルノ女優に支払ったとされる「口止め料」関連の罪で、米国の大統領経験者が刑事訴追されるのは初めて。８月までにさらに三つの事件で起訴された（図参照）。

トランプ前大統領が起訴された4つの事件

		罪名	起訴内容
1	2023年 3月	業務記録改ざんなど **34件の罪** マンハッタン地区検察官 （捜査主体）	**2016年の大統領選への影響を懸念して不倫の口止め料を支払い、帳簿に虚偽記載した**
2	6月 7月	スパイ防止法違反など **40件の罪** 米司法省	**21年の大統領退任時、国防に関わる機密文書を自宅に持ち帰った**
3	8月	大統領選の結果を 覆そうと国家を 欺いた罪など **4件** 米司法省	**20年の大統領選で、敗北を認めず虚偽を主張し、結果を覆そうと画作した**
4	8月	大統領選の結果を 覆そうと組織的に 犯罪行為をした罪など **13件** フルトン郡地区検察官	**20年の大統領選で大接戦の末に敗北したジョージア州などで、集計手続きに介入した**

トランプ氏は起訴されたが、24年大統領選への立候補は可能で、返り咲きを狙う。いずれの事件でも潔白を訴え、自らへの「政治的迫害」だとする演出を続けており、共和党内で高い支持率を保つ。

20年大統領選の敗北を覆そうと画策した事件の初公判が、24年３月に開かれることが決まった。公判の翌日には共和党の候補者選びの山場「スーパーチューズデー」があり、選挙戦にどう影響するかが注目される。

関連用語 **（ 米大統領選 ）**

４年ごとにあり、投票日は「11月の第１月曜日の翌日の火曜日」と決まっている。次は2024年11月５日が投開票日になる。米国は民主党と共和党の二大政党制が定着しており、基本的に、両党が指名した候補の一騎打ちになる。

民主党は、再選出馬を表明済みのバイデン氏が最も有力だが、共和党の候補者選びが本格化するのは、24年１月に予定されるアイオワ州党員集会からだ。予備選や党員集会が集中する３月５日の「スーパーチューズデー」が山場となり、その後、各党の全国党大会で候補を正式に指名する。

ドイツ、脱原発完了

2023年4月、ドイツ国内のすべての原子力発電所が稼働を停止した。福島第一原発事故後の11年6月、ドイツ政府は国内の原発を22年末までに止める方針を決めた。しかし、ロシアのウクライナ侵攻〔●32ジ〕を受けたエネルギー供給不安などから、稼働期間を23年4月まで延長していた。

欧州では国をまたいだ送電網が整備され、電力を輸入できる。供給が不安定になる懸念もあるが、風力や太陽光などの再生可能エネルギー〔●85ジ〕の拡大を図る。22年のドイツの電源に占める再エネの割合は44%だが、30年までに国内電力消費の80%を賄う計画だ。

ドイツは脱原発に舵を切ったが、欧州連合（EU）内では原発新設や稼働期間の延長の動きも出ている。

核兵器禁止条約

核兵器の使用や保有などを法的に禁じる条約。2017年7月に国連で採択され、21年1月に発効した。核兵器の使用、開発、実験、保有、移転などを幅広く禁止する。当初案で除外されていた、核使用をちらつかせる脅しの禁止も最終的に盛り込まれた。また、核兵器の使用や実験の影響を受けた人々に、医療などの援助を提供することもうたう。

だが、核保有国や、日本など核保有国の核兵器に安全保障を依存する国々は反対・不賛同の立場だ。22年6月に第1回締約国会議がウィーンで開かれ、「核の傘」の下にあるドイツなどがオブザーバー参加したものの、条約に加わる意思はないことを明確にした。日本はオブザーバーとしての参加も見送った。こうした国々や日本は、核不拡散条約（NPT）こそが核軍縮・不拡散を議論する場だと主張している。

地球、人口80億人

世界の総人口が2022年11月、国連の推計で80億人に達した。国連の「世界人口推計」によると、22年7月1日現在、最も人口が多いのは中国（14億2588万人）だが、2位のインド

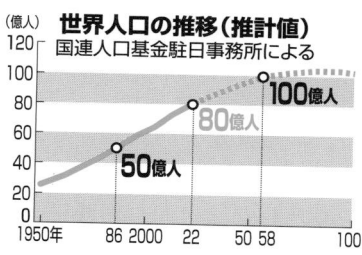

世界人口の推移（推計値）
国連人口基金駐日事務所による

（14億1717万人）が23年にも首位になる見込みだ。日本は1億2395万人で11位。

人口の増加は、死亡率が低下し、平均寿命が延びていることが要因。この12年間は、アジアとアフリカだけで増加分の9割ほどを占める。増えている国は一部地域への偏りが顕著で、日本のように少子高齢化などの課題を抱える国も多い。

国際関係

SDGs

2015年9月に採択された、加盟国が30年までに取り組むことを決めた国連の持続可能な開発目標（SDGs=Sustainable Development Goals）。「地球上の誰一人として取り残さない」を共通の理念に、極度の貧困と飢えをなくすなどの従来の開発目標に加え、ジェンダーの平等や良好な雇用環境づくり、生産と消費の見直しなど、17分野からなる。

国連は01年に開発指針「ミレニアム開発目標」（MDGs）を策定。貧困・飢餓の撲滅、初等教育の完全普及、女性の地位向上などを図った。だが、内容は先進国が決めており、途上国からは反発もあった。SDGsでは目標づくりから途上国も参画。途上国への開発支援にとどまらず、ジェンダー平等など、先進国が国内で取り組む課題も新たに盛り込まれた。

グローバルサウス

　明確な定義はないが、東西冷戦後の1990年代から進んだ人・モノ・カネ・情報などが国境を越えて活発に動くグローバル化の恩恵を受けられずに取り残された東南アジアやアフリカ、中南米などの新興国や途上国のこと。先進国と途上国間の経済格差問題である南北問題の「南」にあたり、南半球を中心とした途上国や新興国とも地理的に重なる部分が多い。

　グローバルサウスは、人口や資源も多く、経済的な潜在力が高い一方、食料やエネルギー、気候変動、感染症対策など地球規模の課題に直面している国が多い。アフリカや東南アジアの一部の国はロシアとの軍事や経済のつながりを深めており、大国間の争いに巻き込まれないよう、ウクライナ侵攻〔●32ジ〕にあいまいな立場を取る国も多い。

BRICS 拡大

　ブラジル、ロシア、インド、中国、南アフリカの新興5カ国（BRICS）は2023年8月、24年1月から新たにアルゼンチン、エジプト、イラン、サウジアラビア、エチオピア、アラブ首長国連邦（UAE）の6カ国の加盟を認めると決めた。BRICSの拡大は、11年の首脳会議で南アが加わって以来。6カ国の加盟後は世界の人口の46％、国内総生産（GDP）の28％を占める存在になる。

　米国との対立を深める中国が拡大の旗を振ってきた経緯があり、「グローバルサウス」と呼ばれる新興国・途上国を加えることで、米欧主導の国際秩序に修正を迫る狙いが透ける。ただ、11カ国は経済規模も政治体制も様々だ。中国経済も停滞ぎみで、経済協力で何ができるかにも不透明感が広がる。米欧との距離感も大きく異なる。

ブラジル大統領にルラ氏

　2023年1月、ブラジル大統領に左派のルラ氏が就任した。任期は4年。ルラ氏は03年から2期8年にわたり大統領を務めており、通算3期目となる。

　ブラジルではコロナ禍やロシアによるウクライナ侵攻の影響で、経済が混乱。選挙戦は経済回復が最大の争点となり、ルラ氏は富裕層への課税強化を掲げる一方、貧困層に配られている生活支援給付金の拡充などを訴えた。また、ボルソナーロ前大統領は外交を軽視し、コロナ対策やアマゾンの森林破壊などで国際社会から大きな批判を受けた。ルラ氏はブラジルの存在感を取り戻そうと、外交に力を入れる。

　ボルソナーロ氏は選挙の不正を訴え、軍の介入などを求めたデモ参加者ら約4千人が暴徒化した。6月、根拠なく選挙制度を批判したことが権力の乱用にあたるとして、選挙高裁がボルソナーロ氏の被選挙権を8年間停止する決定をした。

ペルー、大統領を弾劾

　2022年12月、ペルーのカスティジョ大統領が反逆の疑いで逮捕された。カスティジョ氏は自らに対する弾劾決議案を採決する予定だった議会を解散し、臨時政府を樹立すると発表。これに対し批判が強まり、議会はカスティジョ氏の弾劾決議を成立させたうえ、失職に追い込んでいた。後任としてボルアルテ副大統領がペルー史上初の女性大統領に就任した。

　カスティジョ氏は21年の大統領選で当選を果たしたが、内閣がたびたび総辞職し、支持率も急落。汚職疑惑の追及も受け、3回目の弾劾決議案が採決される予定だった。ペルーでは近年、政治が不安定化し、16年以降、カスティジョ氏を含めて5人の大統領が政権を担ってきた。

ハマス、イスラエルに大規模攻撃

パレスチナ自治区ガザ地区を実効支配するイスラム組織ハマスは2023年10月、イスラエルに対する大規模攻撃を始めた。大量のロケット弾発射に加え、戦闘員がイスラエル領内に侵入し、民間人らを襲撃した。ここ数年で最大規模の攻撃で、イスラエル軍は報復としてガザ地区を空爆した。

攻撃のあった10月7日はユダヤ教の祭日、同6日はイスラエルがエジプトとシリアに急襲された第4次中東戦争から50年の節目で、ハマスはつらい記憶をよみがえらせる時期を狙って攻撃した可能性がある。22年末に発足したネタニヤフ政権の強硬な対パレスチナ政策への反発もありそうだ。同政権は23年に入り激しい対テロ作戦を展開。市民を含むパレスチナ人の死者は250人近くに上り、ハマスは反発していた。

一方、イスラエル軍はガザからのハマス排除へ向け、大規模な地上侵攻への準備を進めている。

サウジ、イラン国交回復

サウジアラビアとイランは2023年3月、16年の断交から7年ぶりに外交関係を正常化することで合意した。

イスラム教スンニ派の大国で親米のサウジは、シーア派の大国イランと中東での覇権を争ってきた。16年、サウジが国内で起きた反政府デモを主導したシーア派指導者を処刑したことなどを機に、両国は断交していた。ただ、サウジにはイランと本格的に「事を構える」のは避けたい意向が数年前から垣間見え、22年末には両国の外相会談が開かれた。

正常化には中国が仲介役を果たした。米国が中国への対抗に安全保障の軸足を移し、中東での影響力が低下する中、中国の存在感が大きくなることは確実だ。

スーダン、内戦の危機

2023年4月、アフリカ北東部スーダンの国軍と準軍事組織「即応支援部隊」（RSF）の間で戦闘が起きた。

スーダンでは21年、国軍トップのブルハン氏がクーデターを実行。22年12月に民政移管に向けた枠組みで民主派勢力と合意し、23年に入ってからは協議は最終段階を迎えつつあった。だが、議題の一つであるRSFの国軍への統合をめぐり両者の対立が激化、戦闘へと発展した。

国連や各国が仲裁に乗り出したが恒久停戦には至らず、300万人超が家を追われた。スーダンで活動していた日本人も4月に自衛隊機で近隣国ジブチへ逃れた。

ニジェールでクーデター

アフリカ西部ニジェールで2023年7月、大統領警護隊の一部の兵士がバズム大統領を拘束し、クーデターを宣言した。国軍のアブドラマン大佐は決起の理由として「治安情勢の継続的な悪化、経済的・社会的統治の貧弱さ」などを挙げた。

ニジェールは1960年にフランスから独立。クーデターが繰り返されてきたが、バズム氏は21年の選挙で選ばれ、欧米と良好な関係を維持してきた。

サハラ砂漠南縁の「サヘル」地域は、約10年前からイスラム過激派が台頭。ニジェールは仏軍などが過激派掃討のために駐留する拠点で、今回のクーデターは周辺地域の政情や治安にも影響を与える。20年以降は隣国のマリとブルキナファソでクーデターが起き、両政権は民主主義を重視するフランスと対立して仏軍に撤退を求め、代わりにロシアに接近する。マリにはロシアの民間軍事会社ワグネルの戦闘員が配備されているとされ、ロシアの影響力が増している。

トルコ大統領選、エルドアン氏が再選

2023年5月、トルコで大統領選の決選投票があり、エルドアン大統領が再選を果たした。エルドアン氏は02年の総選挙で自身が率いる公正発展党が大勝し、翌年に首相に就任。18年に従来の議院内閣制から大統領に権力を集中させた、初の「実権型大統領」に当選すると、次第に市民活動やメディアへの締め付けを強めていった。

選挙では、高インフレや通貨安で長引く経済の混乱や、5万人以上の犠牲者を出した2月の大地震への対応をめぐって批判が高まる中、政権の是非が問われた。エルドアン氏は首相時代も含めた実績をアピールし、支持層を着実に固めた。

トルコは欧米と軍事同盟関係にありながら、ロシアによるウクライナ侵攻〔➲32ジー〕では仲介役を担っており、今後も「全方位」の外交を続けるとみられる。約20年に及ぶ長期政権がさらに5年続くため、強権体制がより進む懸念もある。

トルコ・シリア地震

トルコ南部からシリア北部にかけての一帯で2023年2月6日未明、マグニチュード（M）7.8と7.5の大きな地震が続いて起きた。両国で計約5万7千人が亡くなり、地震災害としては過去10年余りで世界最大の被害となった。

倒壊した建物には、すべての階が垂直に崩れる「パンケーキクラッシュ」が目立った。トルコは日本並みの耐震基準を採用しているが、過去にあまり大きな地震がなかった場所で起きたため、古い建物が多く残っていた。新しい建物も耐震基準が守られていなかった可能性がある。また、内戦が続くシリアでは政権やその後ろ盾のロシアの意向で、国際社会の支援ルートも限られ、救援の手が入るのが大幅に遅れた。

カンボジア、世襲の新政権発足

　カンボジアで2023年７月に行われた下院総選挙で、与党・人民党は最大野党を事前に排除し、定数125のうち120議席を獲得した。1985年から首相を務めたフン・セン氏は事前に首相の「世襲」を宣言して選挙に臨んでおり、８月、新首相にフン・セン氏の長男で前陸軍司令官のフン・マネット氏が就任した。

　独裁政権が続くカンボジアでは、人民党や新首相を表立って批判しにくい状況がある。党内に渦巻く「世襲」への不満を抑えようとするように、フン・セン氏は長男の「優秀さ」を強調するが、抑圧的な体制や権力の世襲に批判は強い。

タイ、新首相にセター氏

　2023年８月、タイの新首相に不動産開発大手の元社長でタイ貢献党のセター・タウィシン氏が就任した。

　５月にあった下院総選挙で、革新系の野党「前進党」と、タクシン元首相派の野党「タイ貢献党」が６割近くの議席を獲得した。一方、軍の影響力が強い親軍与党の「国民国家の力党」と「タイ団結国家建設党」は大敗した。

　選挙後、前進党と貢献党を中心とする野党８党は、前進党のピター党首を首相とする連立政権をめざした。しかし、前進党が掲げた王室に対する不敬罪の改正について保守派の議員や上院議員から「憲法に違反する」などの意見が相次ぎ、実現しなかった。首相は下院と上院の合同投票で決めるとした現憲法に阻まれた格好だ。前進党が連立交渉を貢献党に委ねると、貢献党は対立してきた親軍政党を含む旧連立与党などとの連立に合意。総選挙で示された「軍の影響から脱した政権」への期待は実現しなかった。

習近平氏、異例の国家主席３選

中国の全国人民代表大会（全人代、国会に相当）は2023年３月、国家主席に習近平・中国共産党総書記を選出した。任期は５年で、習氏は３期目となる。国家元首として、全人代の決定に基づく法律の公布、首相や閣僚の任免のほか外国使節の接受などを引き続き担う。

1954年に制度が始まって以来、国家主席が３選されるのは今回が初めて。習指導部は、習氏が２期目の国家主席に選ばれた18年３月の全人代で憲法を改正し、「２期10年」と定めていた国家主席の任期制限を撤廃していた。

22年秋の党大会を経て、党の総書記と中央軍事委員会主席の続投をすでに決めており、３期連続で党と軍のトップ、国家主席のポストを独占する。習氏は後継者候補を明確にしていないため、今回の任期の後に続投する可能性もある。

中国、改正反スパイ法施行

中国で2023年７月、改正反スパイ法が施行された。

同法はもともと、スパイ行為を「スパイ組織や代理人が実施する、国家安全に危害を及ぼす活動」などと定義する。改正法はこの定義を拡大する内容で、「国家安全や利益に関わる文書、データ、資料、物品の窃取・提供」「重要な情報インフラへの侵入や攻撃」などを新たに加えた。しかし、何が「国家安全」に触れるかは示していないため、当局による幅広い解釈の余地が残る。国家安全当局の権限も強化され、当局者が疑わしいと判断すればその場で相手の所持品を調べられるほか、データや物品を取り調べられる。

中国当局による外国人の取り締まりの強化につながる懸念があり、現地にいる邦人の不安も高まっている。

徴用工問題、日韓が政治的決着

　日本と韓国の懸案となってきた元徴用工の訴訟をめぐる問題で、韓国政府は2023年３月、傘下の財団が寄付金で日本企業に命じられた賠償分を肩代わりする解決策を発表した。日本政府は植民地支配への「反省とおわび」を盛り込んだ歴代内閣の歴史認識の継承を表明。両政府が政治的決着を図った。

　韓国大法院（最高裁）が18年秋、戦時中に徴用工を雇用していた三菱重工業と日本製鉄（旧新日鉄住金）に賠償を命じた。日本側は、賠償問題は1965年の日韓請求権協定で解決済みとの立場で、被告の２社も賠償に応じなかった。

　この問題をめぐり日韓関係は国交樹立以来最悪といわれる関係が続いていたが、政治的決着以降、首脳が互いの国を訪問するシャトル外交の再開など、急速に改善が進んでいる。

朝鮮戦争、休戦70年

　2023年７月、朝鮮戦争の休戦から70年を迎えた。

　朝鮮戦争は1950年６月、北朝鮮軍が南北の境界となっていた北緯38度線を越えて韓国側に侵攻して勃発。米国中心の国連軍が韓国側、中国の人民義勇軍が北朝鮮側でそれぞれ参戦した。53年７月に休戦協定が成立。国連軍を代表する米国と北朝鮮、中国が署名した。韓国は「北進統一」を主張して署名を拒否した。休戦を「終戦」に転換する話し合いが翌年に開かれたが、破談。法的には戦争状態にある。

　戦争を正式に終わらせるには、関係国の間で平和協定のように国際法に基づく条約を結ぶ必要がある。その場合、韓国に駐留する米軍の撤退や縮小に関する議論が起きる可能性がある。北朝鮮が核・ミサイルの開発を加速させる中、米軍の撤退や縮小は現実的とはいえず、終戦の見通しは立っていない。

国際関係

☑ チェックドリル

Question	Answer

Question

Answer

□ **1** 2023年5月に来日したウクライナ大統領は誰か。

1 ボロディミル・ゼレンスキー

□ **2** 欧州や米国などによる軍事同盟のNATOは、日本語で何というか。

2 北大西洋条約機構

□ **3** 2023年4月に **2** に加盟した国はどこか。

3 フィンランド

□ **4** 「自由で開かれたインド太平洋」を実現するために、日本、米国、オーストラリア、インドの4カ国が安全保障などで協力する枠組みを何というか。

4 QUAD（クアッド）

□ **5** 環太平洋経済連携協定（TPP）復帰の代わりに、米国が検討しているインド太平洋地域の新しい経済圏構想を何というか。

5 IPEF

□ **6** 大統領選の結果を覆そうと国家を欺いた罪などで起訴された米国の前大統領は誰か。

6 ドナルド・トランプ

□ **7** 2021年1月に発効した、核兵器の使用や保有などを法的に禁じる条約を何というか。

7 核兵器禁止条約

□ **8** 国連の推計によると、2022年11月時点の世界の総人口は何億人か。

8 80億人

Question	Answer
□**9** 2015年9月に採択された、加盟国が30年までに取り組むことを決めた国連の持続可能な開発目標の英文略語は何か。	9 SDGs
□**10** 1990年代以降のグローバル化の恩恵を受けられずに取り残された東南アジアやアフリカ、中南米などの新興国や途上国のことを何と呼ぶか。	10 グローバルサウス
□**11** ブラジル、ロシア、インド、中国、南アフリカの新興5カ国を何と呼ぶか。	11 BRICS
□**12** 2023年1月に、3期目のブラジル大統領に就任したのは誰か。	12 ルイス・イナシオ・ルラ・ダシルバ
□**13** パレスチナ自治区ガザ地区を実効支配するイスラム組織を何というか。	13 ハマス
□**14** 2023年3月に、7年ぶりにイランと外交関係を正常化することで合意した国はどこか。	14 サウジアラビア
□**15** 2023年5月のトルコ大統領選の決選投票で再選を果たしたのは誰か。	15 レジェップ・タイップ・エルドアン
□**16** 2023年8月にタイの新首相に就任したのは誰か。	16 セター・タウィシン
□**17** 2023年3月の中国・全国人民代表大会で国家主席に選出されたのは誰か。	17 習近平

47

物価高

物価の上昇が続いている。ロシアのウクライナ侵攻〔●32ジ〕による資源価格の高騰や円安などが、幅広いモノの価格に影響している。

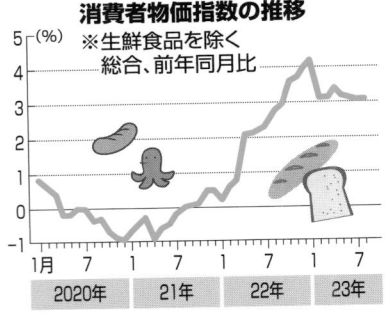

消費者物価指数の推移
※生鮮食品を除く
総合、前年同月比

2023年8月のモノやサービスの価格の変動を示す消費者物価指数（20年＝100）は、値動きの大きい生鮮食品をのぞく総合指数が105.7となり、前年同月より3.1％上昇した。上昇は24カ月連続で、22年9月からは12カ月連続で3％以上の伸びが続いている。

特に影響が大きいのは食品の値上がりだ。生鮮食品をのぞく食料は前年同月より9.2％上昇した。伸び率9％台は5カ月連続。帝国データバンクの調べでは、9月は2067品目、10月には4634品目が値上げされた。数は前年に比べて減ったものの、再値上げする製品もある。ただ、物価の上昇に賃金の伸びが追いついていない状況下〔●69ジ〕、消費者の「値上げ疲れ」が鮮明になっており、値上げの動きは鈍りそうだ。

また、ガソリン代は、政府が6月から補助金を段階的に減らしており、8月は前月より5.0％、前年同月比では7.5％上昇した。一方、政府の負担軽減策を受け、電気代は前年同月より20.9％、都市ガス代は13.9％下がった。

岸田文雄首相は9月、物価高や持続的な賃上げ、国内投資促進などからなる総合経済対策を10月中にまとめる方針を示した。物価高対策としては、電気・都市ガス料金、ガソリン代の負担軽減策を24年以降も延長するかが焦点となる。

税収、初の70兆円台に

　2022年度の国の一般会計の税収は71兆1373億円で、3年連続で過去最高となった。70兆円台に乗るのは初めてで、前年度より約4兆円増えた。

　税収のうち、最多は3年連続で消費税だ。前年度から1兆円以上増えて23兆792億円。19年10月に税率が10%に上がった影響で20年度に初めて所得税を上回り、22年度はエネルギー価格の高騰に円安も重なり、輸入関連の消費税収が増えた。所得税は22兆5216億円、法人税は14兆9397億円で、それぞれ前年度より1兆円余り増えた。所得税は賃上げや大企業から株主への配当増などが要因とみられる。法人税は納税主体である大企業を中心に好調な業績が反映された。

　22年度の歳出は決算ベースで132兆円となる。税収が増えても赤字国債に頼る構図は変わっていない。

基礎的財政収支（プライマリーバランス）

　借金の返済費（金利分を含む）を除き、毎年度の社会保障費や公共事業費など政策にかかる費用を、その年の税収でどれだけ賄えているかを示す指標。プライマリーバランス（PB）ともいう。

　内閣府が2023年7月に発表した最新の試算によると、政府がPBの黒字化をめざす2025年度の収支は、高い経済成長が実現した場合でも1.3兆円の赤字で、黒字化は26年度になるという。

　物価高の影響などで消費税が伸び、所得税も増えたことで、22年度の国の一般会計の税収は過去最高となり、今後も一定程度の税収増が見込めると予測するが、それでも25年度までは歳出が税収などを上回りそうだという。

ゼロゼロ融資終了

　ゼロゼロ融資は、コロナ禍で売り上げが減った中小企業や個人事業主を対象に、金融機関が担保なしでお金を貸し出す制度。利子を3年間、国や都道府県が負担し、返済できない場合の保証もつく。2020年3月に始まり、民間金融機関の新規受け付けは21年3月で、政府系も22年9月末で終えた。融資額は合計で約43兆円にのぼる。

　手厚い支援の効果で、21年度の企業倒産は歴史的な低水準となったが、22年春以降、物価高や円安の影響もあって増加傾向に転じた。23年に入ると、中小企業の倒産がコロナ下を上回るペースで増えている。東京商工リサーチによると、新型コロナが5類に移行〔●62ジ〕した5月の中小企業の倒産件数は704件（前年同月比34.3％増）、ゼロゼロ融資の返済開始がピークを迎えた7月は758件（同53.7％増）だった。

　5類移行後も、飲食業など業界によっては期待されたほど業績が戻っておらず、今後さらに倒産件数が増える可能性がある。

　ゼロゼロ融資は、コロナ禍で苦しむ中小企業の資金繰りを支え、倒産を防ぐ効果があった一方、もともと稼ぐ力のない企業の「延命」につながっていた可能性も指摘されている。

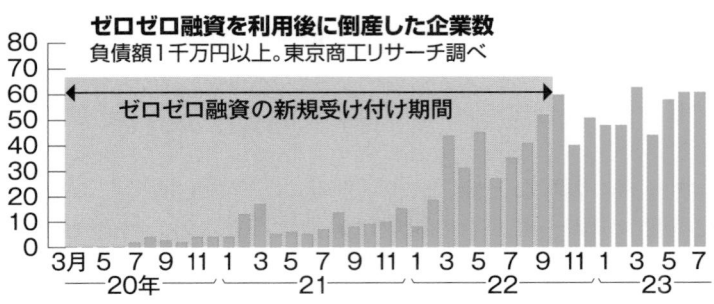

ゼロゼロ融資を利用後に倒産した企業数
負債額1千万円以上。東京商工リサーチ調べ

ゼロゼロ融資の新規受け付け期間

先端半導体製造装置の輸出規制

　政府は2023年3月、先端半導体製造装置の輸出規制を強化すると発表した。

　先端半導体は米中の覇権争いが激しくなっているため、中国国内で生産させないようにするのが狙い。米国は22年10月、軍事転用の恐れがあるとして中国向けの半導体製造装置の輸出規制を強化。さらに日本やオランダに協力を呼びかけており、オランダも輸出規制の強化を表明した。

　半導体製造装置は、世界有数のシェアを誇る東京エレクトロンなど日本に有力な企業が多い。経済産業省によると、同社やニコンなど約10社の製品が規制対象になるという。輸出する際に経産省の審査が必要で、審査を簡略化できる対象は、米国や韓国、台湾など42の国・地域。対象に含まれない中国は反発している。

中国、日本産水産物を禁輸

　東京電力が福島第一原発の処理水放出〔➡82ジー〕を始めたことを受け、中国政府は2023年8月、日本産水産物の輸入を全面的に停止した。香港も10都県の水産物の禁輸を始めた。

　中国は、多核種除去設備（ALPS）処理水を「核汚染水」と呼び、放出に反対し続けてきた。台湾有事を意識した日本の防衛力強化〔➡21ジー〕や、米国と歩調を合わせた半導体関連の対中輸出規制などに中国は強く反発しており、水産物の禁輸は、日本を牽制する狙いがあるとみられる。

　中国への水産物の輸出は、全体の2割を占め、香港への輸出額も中国に次ぐ。政府は中国への輸出依存から転換するための販路開拓など、200億円規模の支援策をまとめた。

キャッシュレス決済、初の100兆円超え

　お札や小銭といった現金を使わないキャッシュレス決済が増えている。2022年のキャッシュレス決済額は111兆円（前年は95兆円）となり、初めて100兆円を超えた。国内の総支出額に占めるキャッシュレス決済の比率は36％。内訳は、大半がクレジットカードで、決済額は93.8兆円。QRコードなどのコード決済が7.9兆円、電子マネーが6.1兆円、デビットカードが3.2兆円。

　政府は現金の輸送コストなどを減らすため、キャッシュレス決済を推進している。25年までに比率を4割程度とする目標を掲げる。

デジタル給与払い

　企業が賃金の一部をキャッシュレス決済口座などに振り込む「デジタル給与払い」が、2023年4月に解禁された。

　賃金は原則、現金で支払うと労働基準法で定められている。例外として銀行口座などへの振り込みが認められており、そこにキャッシュレス口座なども加える。「PayPay」「d払い」といったキャッシュレス口座などを運用する資金移動業者は、全国の財務局に22年9月末時点で85社が登録している。そのうち一定の条件を満たした業者が、賃金の支払先として指定される。1口座あたりの残高の上限は100万円。

　企業はデジタル払いをするには、事前に労働組合などと協定を結ぶ必要がある。労働者にとってはキャッシュレス決済をチャージせずに使える利点がある。しかし、銀行口座は銀行の破綻時に一定額まで戻ってくる公的な仕組みがあるが、資金移動業者が破綻したり不正取引があったりした場合に、労働者が損失を被るリスクも懸念される。

英国、TPPに加盟

2023年7月、英国の環太平洋経済連携協定（TPP）への加盟が決まった。18年の発効後、新たな加盟は初めて。英国は21年2月に加盟を申請。前年に欧州連合（EU）を離脱し、新たな貿易相手をインド太平洋地域に求める戦略を描いた。

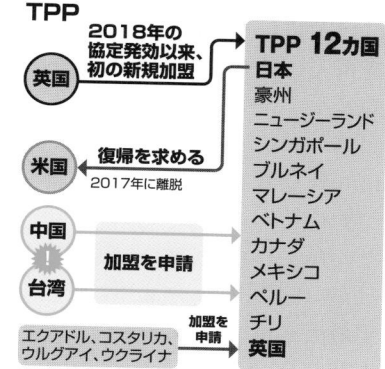

TPP

英国 → 2018年の協定発効以来、初の新規加盟 → **TPP 12カ国**
日本
豪州
ニュージーランド
シンガポール
ブルネイ
マレーシア
ベトナム
カナダ
メキシコ
ペルー
チリ
英国

米国 → 復帰を求める　2017年に離脱

中国
台湾 → 加盟を申請

エクアドル、コスタリカ、ウルグアイ、ウクライナ → 加盟を申請

TPPは、加盟国間で幅広い物品の関税を撤廃したり、サービスや投資などで共通のルールを設けたりする協定。当初加わるはずだった米国がトランプ政権時に離脱したが、18年12月に日本やオーストラリアなど11カ国で発効した。もとのTPPと区別するため、海外では「包括的（Comprehensive）及び先進的（Progressive）なTPP」として、CPTPPとの略称で呼ばれる。

21年9月に中国と台湾が相次いで加盟を申請した。その後、エクアドル、コスタリカ、ウルグアイ、ウクライナも加盟を申請している。

関連用語 **経済連携協定（EPA）**

Economic Partnership Agreement。特定の国や地域の間で、物品関税の撤廃やサービス貿易の障壁を取り除く自由貿易協定（FTA=Free Trade Agreement）を柱に、知的財産権制度や人の移動、投資、経済協力など幅広い分野で共通ルールを定める協定。

日本は2023年10月時点で21カ国・地域と締結（発効・署名済み）、3カ国・地域と交渉段階。また、中断中だったペルシャ湾岸6カ国による湾岸協力会議（GCC）とは、24年中のFTA交渉の再開に向けた協議開始で合意した。

日産、ルノー、対等出資に

日産自動車は2023年7月、提携先の仏ルノーから日産への出資比率を現在の43.4%から15%に引き下げ、互いに対等な資本関係にする最終契約を結んだと発表した。また、ルノーが設立する電気自動車（EV）の新会社へ、日産が最大6億ユーロを出資することで合意した。

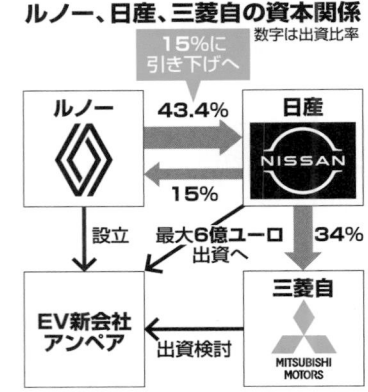

ルノー、日産、三菱自の資本関係
数字は出資比率

2兆円超の有利子負債を抱えて破綻寸前だった日産は1999年、ルノーから約6千億円の資本支援を受けた。ルノーから最高執行責任者として日産に送り込まれたカルロス・ゴーン氏は、大リストラを断行して経営を立て直した。日産は世界販売台数などでルノーを上回るようになったが、非対称な資本関係が続いていた。

日野、三菱ふそう、経営統合

トラック大手の日野自動車と三菱ふそうトラック・バスは2023年5月、経営統合することで基本合意した。24年中の統合完了をめざす。

経営規模を大きくすることで、脱炭素化に向けた電動車の開発など技術への投資を加速させるのが狙い。商用車の国内販売台数は現在、日野は2位、三菱ふそうは4位で、統合後は首位のいすゞ自動車を抜く規模になる見込み。技術開発、生産、調達の各分野で協力する一方、それぞれのブランドは残す方針だ。

全固体電池

　開発が進む次世代の蓄電池。現在、主流のリチウムイオン電池で使っている液体の電解質を固体に置き換えたもの。液が漏れて発熱や発火する恐れがないうえ、エネルギー密度が高く、小型化できる。

　いまの電気自動車（EV）は1回の充電で走れる距離が限られ、ガソリン車の給油と比べて充電に時間がかかるが、全固体電池は蓄えられる電気の量が2倍以上になり、充電時間も短縮できると期待される。トヨタ自動車が2027〜28年をめどに、日産自動車も28年度を実用化の目標に掲げるなど、各社が開発を進めている。

全固体電池ってなに?

これまでとの違い	電解質が液体から固体に
期待される利点	容量の増加
	充電時間の短縮
	長寿命化（劣化しにくい）
	安全性向上（燃えにくい）
	小型化（使用可能な温度範囲が液体より広く、冷却装置などを小さくできる）
	低価格化（素材の選択肢が広がり安く作れる可能性がある）
	液漏れがない
課題	固体の電解質に固体の正極と負極を長期間接合し続けることが難しい

物流2024年問題

　2024年度に輸送能力の14.3%、30年度に34.1%が不足すると試算されている。働き方改革関連法によって24年4月以降、トラックドライバーの年間の拘束時間は原則3300時間に、時間外労働の上限も年間960時間となるためだ。

　政府は23年6月、対策をまとめた。長時間労働の要因の一つになっている配送先での待ち時間や荷物の積み下ろし作業の削減を求め、荷主と物流事業者それぞれに自主行動計画をつくるよう要請。大手には改善計画の策定と報告を義務づけ、悪質な事業者には行政処分を含む法的措置をとれるようにする方針だ。24年の通常国会に関連法案を提出する。消費者の意識改革を促し、24年度までに再配達率の半減をめざす。

酒税改正、ビール回帰の動き

　2023年10月、酒税が改正された。350mlのビールにかかる税金は6.65円下がり63.35円になる一方、第3のビールにかかる税金は9.19円高い46.99円と、発泡酒と同じになった。さらに、26年の改正では3種類の税額が統一される。

　普通のビールは原料の半分以上に麦芽を使う。麦芽のほかに大豆などを原料に使った第3のビールは、酒税法上はビールにあたらない。サッポロビールが03年に出した「ドラフトワン」がヒットしたのを皮切りに、大手各社が商品を投入。価格を売りに、20年の年間販売量で初めてビールを上回った。しかし、22年はビール回帰が進み、形勢が再び逆転した。

　酒税改正で店頭での価格差も縮まることを受け、大手各社は利幅の大きいビールへのシフトを加速させる方針だ。

セブン＆アイ、そごう・西武を売却

　セブン＆アイ・ホールディングス（HD）は2023年9月、傘下の百貨店そごう・西武を米投資会社フォートレス・インベストメント・グループへ売却した。そごう・西武の企業価値は2200億円と見込まれるが、有利子負債約3千億円やセブン＆アイによる貸付金の一部916億円の放棄などを勘案し、実際の売却額は8500万円程度になる見通し。

　フォートレスは連携する家電量販ヨドバシHDにそごう・西武が持つ池袋本店の土地などを約3千億円で売却し、有利子負債の返済にあてる。国内にある10店舗は当面は維持されそうだが、4期連続赤字のそごう・西武を立て直すのは容易ではなく、百貨店でなくなる可能性もある。

　そごう・西武の労働組合は雇用維持などを求めて8月、大手百貨店では61年ぶりとなるストライキを実施した。

2024年7月から新紙幣

2024年7月から、1万円札と5千円札、千円札の紙幣のデザインが一新される。表面の肖像画は、1万円札が40年ぶりに福沢諭吉から交代して「日本の資本主義の父」と呼ばれる渋沢栄一になる。5千円札は樋口一葉から津田塾大学を創設した津田梅子に、千円札が野口英世から血清療法を確立した北里柴三郎へとバトンが渡される。

紙幣の一新は04年以来、20年ぶり。財務省などによると、偽造防止などの観点から約20年ごとに変更している。新しいお札は、角度を変えると3次元の肖像が回転して見える最新鋭の3Dホログラムを備えるなど、偽造対策を強化した。

経済

食品輸出額、10年連続で最高更新

2022年の農林水産物・食品の輸出額が前年比14.3%増の1兆4148億円となり、10年連続で過去最高を更新した。

コロナ禍で落ち込んだ外食向けの需要が回復したほか、円安も後押しした。品目別では、農産物と林産物、水産物全体がいずれも最高額を記録。米国で漁獲が減ったホタテ貝のほか、国際的に知名度が上がっているウイスキー、アジアで人気の乳幼児用粉ミルクを含む牛乳・乳製品などが大きく伸びた。一方で、牛肉は前年を下回った。

国・地域別では中国が前年比25.2%増の2783億円で最も多く、香港が同4.8%減の2086億円、米国が同15.2%増の1939億円と続いた。香港は春先にかけてコロナ対策で外食が規制されたことが響いたとみられる。

政府は、25年に2兆円、30年に5兆円まで増やす目標を掲げている。

経済の基礎用語

　志望する企業の研究や、面接で質問された場合に最低限知っておきたい、経済の基礎用語をまとめました。

売上高

　企業の本業で得た金額のこと。本業以外で発生する受取利息などは営業外収益となり、売上高には含まれない。

営業損益、経常損益、純損益

　企業の損益計算上の利益と損失。企業の営業活動から直接生じた利益が営業利益。これに金利などの営業外損益を加減したものが経常利益で、企業の経営状態を最もよく示す数値として一般に用いられる。経常利益に、資産の売却益や評価益などの臨時的損益（特別利益、特別損失）を加減し、法人税などの税金を引いたものが純利益。それぞれ損失となった場合は、営業損失、経常損失、純損失となる。

損益計算書（PL）

　企業活動の時間的な区切りとして1年を1単位と考えたとき、1単位期間あたりの会社の経営成績を表すのが損益計算書（PL）。1単位期間の収益と費用をすべて対応させて、純損益を計上する。企業の収益力を判断する上で、貸借対照表（BS）と並んで重要な財務諸表。

貸借対照表（BS）

　決算時点など、ある時点での企業の財政状態を表すのが貸借対照表（バランスシート＝BS）。資金の調達源泉を右側（貸方）、資金の運用形態を左側（借方）に記入する。右側部分の返済が必要な部分は「負債」、その必要がないものは「純資産」と呼ぶ。左側の部分を「資産」と呼び、企業の財産を表す。これに関連して、資産＝負債＋純資産という貸借対照表等式が成り立つ。

連結決算（会計）

　親会社単独ではなく、子会社を含めた企業グループを一つの企業とみな

して決算したもの。売上高や支出された費用でグループ内の取引がある場合は相殺され、合計数字は小さくなる。子会社を連結に含むかどうかは出資比率や意思決定機関の支配力による。日本では2000年３月期に、単独決算中心から連結決算中心に移行した。

キャッシュフロー計算書（CS）

　企業における１年間の現金の増減を示す計算書。損益計算にはいくつかの会計手段があるが、会計上の損益ではなく、企業活動によって生み出された現金収支を示す。企業の資金取引を営業活動、投資活動、財務活動に分類し、それぞれの現金の動きを把握する。会計上の利益とは異なり、キャッシュフローは企業の手持ちの現金を示す。税引き後利益に減価償却費を加え、配当金と役員賞与などを引いたもの。

コンプライアンス（法令順守）

　企業が経営・活動を行う上で、法令・社会規範・倫理を順守すること。企業の不祥事が相次いで明るみに出る中、多くの企業は行動指針を策定し、違反行為があった場合の早期発見のための内部統制システムの構築に取り組んでいる。

M&A（企業の合併・買収）

　合併や買収の形で相手企業やその事業部門を入手すること。買収企業が存続会社として残り、被買収企業が消滅するのが「合併」（merger）で、過半数の株式取得を通じて被買収企業の支配権が買収企業に移行するのが「買収」（acquisition）。LBO（買収先企業の資産を担保にした借り入れによる買収）や、TOB（株式公開買い付け）などの手法がある。

企業の社会的責任（CSR）

　企業は社会の構成員として、株主に対してだけでなく、消費者、従業員、地域住民など様々な利害関係者（ステークホルダー）や環境に責任を負っているという考え方のもとで、法令を順守し、社会的公正や人権、環境に配慮して行う経営活動のこと。Corporate Social Responsibility の略。メセナなどの文化事業と異なり、本業での活動の取り組みをいう。CSR を一つの判断基準にして行う投資は社会的責任投資（SRI ＝ Socially Responsible Investment）。

経済

✓ チェックドリル

Question	Answer

Question

□**1** 2023年4月に黒田東彦氏の後任として、日本銀行総裁に就任したのは誰か。

□**2** 過去最高となった2022年度の国の一般会計の税収は何兆円だったか。

□**3** 2022年度の国の一般会計の税収のうち、3年連続で最多だったのは何税か。

□**4** 借金の返済費を除き、毎年度の社会保障費や公共事業費など政策にかかる費用を、その年の税収でどれだけ賄えているかを示す指標を何というか。

□**5** コロナ禍で売り上げが減った中小企業や個人事業主を対象に実施された、金融機関が担保なしでお金を貸し出す制度を何というか。

□**6** 米国の呼びかけを受けて、政府が2023年3月に輸出規制を強化したのは何か。

□**7** 現金を使わないキャッシュレス決済額は2022年は何兆円だったか。

□**8** 2023年7月に環太平洋経済連携協定（TPP）への加盟が決まった国はどこか。

Answer

1 植田和男

2 71兆円
（71兆1373億円）

3 消費税

4 基礎的財政収支
（プライマリー
バランス）

5 ゼロゼロ融資

6 先端半導体製造装置

7 111兆円

8 英国

Question	Answer
☐9 2023年7月に、日産自動車が互いに対等な資本関係にする最終契約を結んだと発表した自動車メーカーはどこか。	9 ルノー
☐10 2023年5月に日野自動車と経営統合することに決まったトラックメーカーはどこか。	10 三菱ふそうトラック・バス
☐11 2023年4月、トヨタ自動車の新社長に就任したのは誰か。	11 佐藤恒治
☐12 電気自動車（EV）向けに、トヨタ自動車や日産自動車が開発を進めている次世代の蓄電池を何というか。	12 全固体電池
☐13 働き方改革関連法によって2024年4月以降に輸送力が不足するとされる問題を何というか。	13 物流2024年問題
☐14 麦芽のほかに大豆などを使ったビール風の飲料を何というか。	14 第3のビール
☐15 セブン＆アイ・ホールディングスが2023年9月に米投資会社に売却した傘下の百貨店はどこか。	15 そごう・西武
☐16 2024年7月からの流通開始が予定される新1万円札の表面の肖像画は誰になるか。	16 渋沢栄一

新型コロナ「5類」に引き下げ

2023年5月8日、新型コロナウイルス感染症の感染症法上の分類が、季節性インフルエンザなどと同じ位置づけとなる5類に引き下げられた。国民生活に大きな影響を及ぼしたコロナ対応は、「平時」への移行に向け節目を迎えた。

5類への変更と課題

	従来の対応	5類下の対応	おこりうる課題
外来	発熱外来のみ診療	全医療機関が診療	院内感染が心配で診療しない
外来	一部オンライン診療	普及させて逼迫回避	ITに慣れず導入しない
入院	病床確保に補助金	徐々に補助金廃止	病床確保に協力しない
入院	保健所が入院調整	病院間で入院調整	時間がかかり症状悪化
医療費	全額公費負担	徐々に自己負担	受診をためらい症状悪化
マスク	屋内は原則着用	個人判断に委ねる	リスク高い場所でも着用しない

移行により、感染者への入院勧告・指示、感染者・濃厚接触者への外出自粛の要請はなくなる。感染対策の基本的対処方針は廃止され、個人や事業者の判断に委ねられる。感染者には「発症翌日から5日間」の外出自粛が推奨される。

一部の医療機関が担ってきた患者対応は、幅広い医療機関に拡大し、通常医療に段階的に移行する。公費負担だった医療費や検査費用は、自己負担が生じる。新規感染者数は国が全数を毎日把握・公表していたが、全国約5千の医療機関からの週1回の定点報告となった。

新型コロナは20年1月に国内で初めて患者が確認され、4月には緊急事態宣言が全国に出された。21年末以降はオミクロン株への置き換わりが進み致死率が低下。社会経済活動との両立を図るウィズコロナを求める声も高まる中、政府は5類移行の方針を23年1月に決定。厚生労働省の専門家部会が4月、病原性の大きく異なる変異株の発生がないことなどを確認し、移行を最終的に了承、厚労相が正式決定した。

国内では5類へ移行した23年5月8日までに約3380万人が感染し、約7万4千人が死亡した。

感染症危機管理統括庁と日本版CDC

　新たな感染症対応の司令塔となる内閣感染症危機管理統括庁が2023年9月、内閣官房に設置された。

　感染症の司令塔組織設置は、治療や検査、空港での水際対策や一斉休校など、新型コロナの初動対応で様々な問題が生じた反省を踏まえ、岸田文雄首相が21年9月の自民党総裁選で掲げた。統括庁は内閣官房副長官をトップに、平時は38人の専従職員が政府の行動計画を作り、様々な行政機関が一体で動けるよう備える。対応が必要な感染症が発生した場合、職員を101人に増やす。

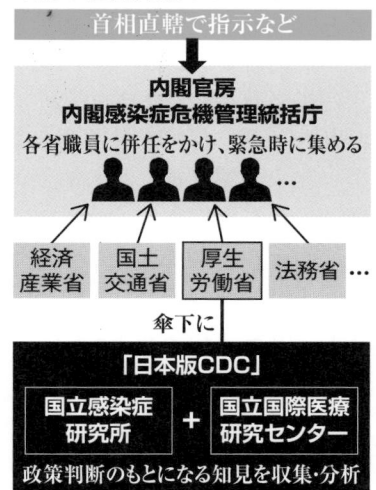

政府の組織再編のイメージ

首相直轄で指示など

内閣官房
内閣感染症危機管理統括庁
各省職員に併任をかけ、緊急時に集める

経済産業省　国土交通省　厚生労働省　法務省 …

傘下に

「日本版CDC」

国立感染症研究所　＋　国立国際医療研究センター

政策判断のもとになる知見を収集・分析

医療・福祉、労働、教育

　また、新たな感染症危機に備えるため、国立感染症研究所（感染研）と国立国際医療研究センター（NCGM）を統合し、国立健康危機管理研究機構を25年度以降に新設する。

　新機構は、感染研の調査・分析、NCGMの臨床のそれぞれの機能を融合し、感染症に対する知見を収集する。発足した感染症危機管理統括庁などに、科学的知見を提供する。米国の疾病対策センター（CDC）をモデルに、「日本版CDC」として、主に感染症に関する科学的根拠を集めるとともに、臨床機能を併せ持ち、病気の速やかな実態把握や、ワクチン・治療薬の早期開発も期待されている。

オンライン診療

スマートフォンやタブレット端末などを使って、医師が患者と対面せずに診察すること。2018年度から本格的に公的保険が使えるようになると、コロナ禍によって一気に普及した。

従来、厚生労働省が定める指針では「初診は対面診療」が原則とされ、保険が使える疾患も限られていた。しかし、新型コロナの第1波に見舞われた20年4月、感染を恐れて医療機関に行けないという人が増えたため、厚労省はすべての疾患で初診からのオンライン診療を認めた。コロナ禍の期間限定の特例措置だったが、その後、国のオンライン診療の指針見直しなども踏まえて、初診からのオンライン診療が恒常化された。

飲む中絶薬

人工妊娠中絶のための飲み薬が、国内で初めて実用化された。英国の製薬会社ラインファーマのメフィーゴパックで、2023年4月に承認され、5月から販売が始まった。

対象は妊娠9週0日までの妊婦。中絶の際に大量出血などの恐れもあるため、適切な医療体制が整うまでは入院対応が可能な医療機関の外来や入院で処方する。

21年度の人工妊娠中絶は約12万6千件。子宮内を器具でかき出す搔爬法や、器具で吸い出す吸引法が用いられてきた。しかし、世界保健機関（WHO）は経口中絶薬と吸引法を「安全で効果的な方法」として推奨する一方、子宮を傷つける恐れのある搔爬法は「廃れた方法」として置き換えを促して久しい。飲む中絶薬は、1988年に世界で初めて承認され、現在は80以上の国・地域で用いられているが、日本での導入は遅れた。

HPV ワクチン

　子宮頸がんの９割以上は、ヒトパピローマウイルス（HPV）感染が原因とされ、性行為によって感染する。HPV ワクチンは、子宮頸がんの原因となる感染を防ぐ。

　2013年４月、小学６年から高校１年相当の女性を対象に定期接種となった。しかし、接種後に体の広い範囲が痛むなどの多様な症状が報告され、13年６月に接種の積極的勧奨が中止された。だが、多様な症状と接種との関連は確認されないとして、厚生労働省は22年４月、積極的勧奨を再開。23年４月からは、９種類のHPVの感染を防ぐ９価ワクチンが、原則無料の定期接種となった。ワクチンには肛門がんなどを防ぐ効果もあるとされ、男性が接種する国も多い。日本でも、男性の定期接種化に向けた議論が始まっている。

エムポックス

　世界保健機関（WHO）は2023年５月、天然痘に似た感染症「mpox」（サル痘）の「国際的に懸念される公衆衛生上の緊急事態」を終了すると発表した。

　22年５月以降、感染が世界的に広がり、WHOは７月、20年１月の新型コロナ以来となる「緊急事態」を宣言。WHOには111カ国から計８万７千人以上の感染と140人の死亡が報告されてきたが、直近３カ月の感染者数は前の３カ月と比べてほぼ９割減になっていた。一方、日本国内では23年に入って急増。６月25日時点で186人が感染した。

　エムポックスは、動物実験のために集められたサルから発見されたことから「サル痘」と呼ばれてきた。差別的な表現につながったことや動物福祉の観点から、WHOが名称変更した。致死率は３〜６％程度。

アルツハイマー新薬 「レカネマブ」

日本の製薬大手エーザイと米国のバイオジェンが共同で開発したアルツハイマー病治療薬「レカネマブ」（商品名レケンビ）が2023年7月、米食品医薬品局に正式承認された。対症療法ではなく、病気の原因物質の除去を狙った薬が正式承認されるのは世界で初めて。認知症の薬としては

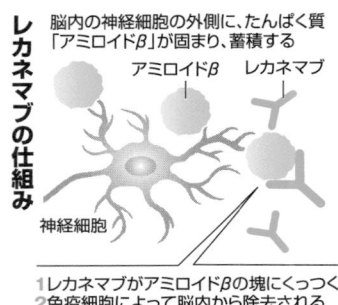

レカネマブの仕組み

脳内の神経細胞の外側に、たんぱく質「アミロイドβ」が固まり、蓄積する

アミロイドβ　　レカネマブ

神経細胞

1 レカネマブがアミロイドβの塊にくっつく
2 免疫細胞によって脳内から除去される

「認知機能低下を防ぐ」と期待

20年ぶりとなる。日本の厚生労働省も9月に承認し、早ければ年内にも医療現場での使用が始まる。

レカネマブは、脳内にたまるたんぱく質でアルツハイマー病の原因とされるアミロイドβを標的とした抗体医薬品。認知症の前段階である軽度認知障害と、軽度認知症の人を対象にした臨床試験（治験）では、薬を18カ月使うと、偽薬と比べて症状の悪化が27％抑えられる結果が出ている。

認知症の患者は19年時点で、世界で5500万人。50年には1億3900万人に増えると予想されており、薬へのニーズは高い。しかし、病気の発症メカニズムがはっきりしないため、開発は難航してきた。レカネマブは正式承認を受けて米国での高齢者向け保険の適用も決まり、普及に向けて前進した。ただ、脳の腫れなどの副作用や、自己負担の額など残る課題も多い。

米製薬大手イーライリリーも23年5月に、開発中のアルツハイマー病治療薬「ドナネマブ」について、認知機能の悪化を抑える効果を確認したと発表した。レカネマブに続く新薬として注目されている。

iPS 細胞

　人工多能性幹細胞（induced Pluripotent Stem cell）の略称。「万能細胞」とも呼ばれる。皮膚などの体細胞に複数の遺伝子を導入し、様々な細胞や組織になりうる能力を持たせた細胞。京都大学の山中伸弥教授らが2006年8月にマウスでの作製成功を発表。07年11月にはヒトでも成功し、山中教授は12年、ノーベル医学生理学賞を受賞した。

　難病の治療や再生医療、新薬開発につながると期待されており、医療現場では実用化へ向けた動きが加速している。14年に世界初の臨床研究として、理化学研究所などのチームが目の難病（加齢黄斑変性）患者にiPS細胞から作った網膜細胞の移植手術を実施した。ほかにも、心臓の病気や脊髄損傷の患者を対象にした臨床研究や臨床試験（治験）が進んでおり、実用化に向けた動きが正念場を迎えつつある。

関連用語 （ ES 細胞 ）

　胚性幹細胞。不妊治療の際に余った受精卵（胚）をもとに作る。体のすべての組織の細胞になりうる能力を維持する、iPS細胞の「お手本」にあたる存在だ。米ウィスコンシン大学チームが1998年にヒトES細胞を作製、国内では2003年に京都大学が作製した。「受精卵を壊す」という倫理的な懸念から基礎研究に限っていた日本も、欧米で臨床試験が進んでいることを受けて13年に方針を転換。20年5月には国内初の臨床試験（治験）が行われた。

ヒト万能細胞作製の流れ

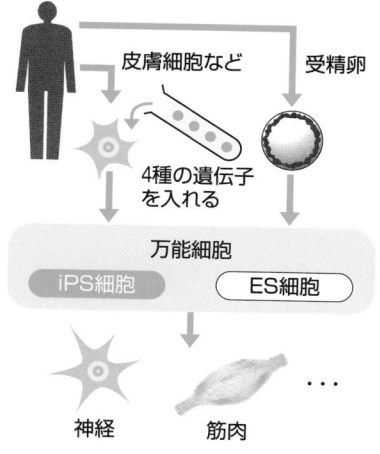

皮膚細胞など　　受精卵

4種の遺伝子を入れる

万能細胞
iPS細胞　　ES細胞

神経　　筋肉　　・・・

67

春闘、賃上げ30年ぶりの高水準に

労働組合の中央組織・連合の2023年春季生活闘争（春闘）の最終集計結果（23年7月発表）によると、ベースアップ（ベア）と定期昇給（定昇）を合わせた平均賃上げ率

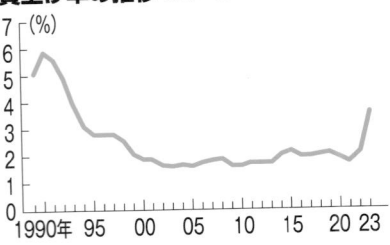

賃上げ率の推移 連合の最終集計から

は、物価高や人手不足を受けて前年比1.51ポイント増の3.58%（1万560円）と、30年ぶりの高水準となった。

大企業（組合員300人以上）は同1.55ポイント増の3.64%（1万957円）。中小企業（組合員300人未満）も3.23%と、30年ぶりの高水準となった。パートや契約社員など非正規労働者の賃上げ率も時給ベースで5.01%と、比較できる15年以降で最も高かった。ただ、物価の伸びには追いついていないうえ、24年以降も大幅な賃上げが続くかは見通せない。

関連用語 **春闘、定昇、ベア**

春闘とは、労働組合が毎年春、労働条件の引き上げを求めて行う統一行動。一斉に底上げを要求することで、企業ごとの交渉の限界を補える。1956年、総評（現在は連合に合流）の指導で官民290万人の統一闘争をしたのが発端といわれる。

定昇とは、定期昇給のこと。賃金表に基づき、年齢や勤続年数に応じて、毎年自動的に賃金を増やす仕組み。中小企業だと定昇がない場合がある。大企業にはあるが、不況下での労働コストの抑制を狙って成果主義賃金を導入したり、定昇額を圧縮・凍結したりするなどの動きがあった。

ベアとは、ベースアップ。賃金表を書き換え、賃金全体を底上げすること。物価上昇による賃金の目減りを補う役割が強いため、物価が下がるデフレの時代には、会社側のベアゼロ回答や、組合がベア要求そのものを控える動きが出た。

最低賃金

会社が労働者に支払わなければならない最低限の賃金のこと。最低賃金法に基づいて、都道府県ごとに時給を定めており、毎秋に改定される。パートやアルバイトを含むすべての労働者に原則適用される。

2023年度は、物価高を受けて厚生労働省の審議会が示した目安を上回る引き上げが相次ぎ、全国加重平均の引き上げ額は過去最高の43円となった。全国平均は1004円となり、政府目標の1千円を超えた。最高額は東京都の1113円、最低額は岩手県の893円。都道府県間の格差を見ると、最高額に対する最低額の比率は80.2%となり、0.6ポイント改善した。

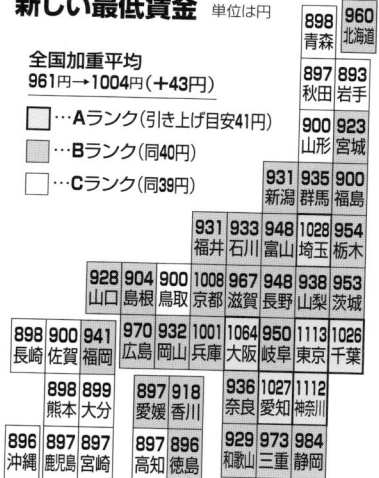

新しい最低賃金 単位は円

全国加重平均
961円→1004円（+43円）

□…Aランク（引き上げ目安41円）
▨…Bランク（同40円）
□…Cランク（同39円）

					898 青森	960 北海道
					897 秋田	893 岩手
					900 山形	923 宮城
			931 新潟	935 群馬	900 福島	
		931 福井	933 石川	948 富山	1028 埼玉	954 栃木
	928 山口	904 島根	900 鳥取	1008 京都	967 滋賀	948 長野	938 山梨	937 茨城
898 長崎	900 佐賀	941 福岡	970 広島	932 岡山	1001 兵庫	1064 大阪	950 岐阜	1113 東京	1026 千葉
	898 熊本	899 大分		897 愛媛	918 香川	936 奈良	1027 愛知	1112 神奈川	
896 沖縄	897 鹿児島	897 宮崎	897 高知	896 徳島	929 和歌山	973 三重	984 静岡		

実質賃金

給料など労働者が働いて受け取る名目賃金に対し、実質賃金はこれに物価の上下を含めてみた額のこと。物価が上がった場合、名目賃金はそのままでも買える商品やサービスの量は減る。この場合、「実質賃金は下がった」という。

厚生労働省がまとめる毎月勤労統計調査では、実質賃金は2023年8月まで17カ月連続で減少している。春闘での賃上げなどで名目賃金は大幅に増えたが、物価の伸びには追いつかない状態が続いている。

リスキリング

Reskilling。デジタル化など急速な技術革新や産業構造の変化に合わせて、新たなスキルや知識を身につけること。世界経済フォーラムは2018年、社会の変化によって22年までに主要20カ国で7500万の雇用が失われる一方、1億3300万の新たな仕事が生まれる可能性があると予測。雇われて働く人の少なくとも54％がリスキリングやスキルアップをする必要があるとの見方を示した。

企業は対応を急ぐ。帝国データバンクが22年9月に行った調査では、大企業の60％、中小企業でも46％が「（従業員の）リスキリングに取り組んでいる」と答えた。政府も23年6月に発表した岸田政権の看板政策「新しい資本主義」実行計画の改訂案の「人への投資・構造的賃上げと労働市場改革」に、「リスキリングによる能力向上支援」を盛り込んだ。

失業給付の期間短縮検討

政府は、自己都合で退職した人が失業給付を受け取るまでの期間の短縮を検討している。政府の新しい資本主義実現会議が2023年5月にまとめた、構造的な賃上げの実現に向けた指針に盛り込まれた。学び直し（リスキリング）を支援し、成長分野への労働移動を促す。

自己都合退職の場合、失業給付をあてにして短期間で退職するなどの悪用を防ぐ目的で、2～3カ月の給付制限がある。これが転職を妨げているとの指摘があるため、学び直しなどを条件に、会社都合退職の場合と同じ7日間に縮める方針だ。

今後、厚生労働省の審議会などで具体策の検討を進める。実現した場合、財政的な影響は大きく、雇用保険料が上がるなど労使にも相当の負担が出る可能性がある。

ジョブ型雇用

ジョブ型雇用とは、会社が職務（ジョブ）と賃金を定め、それに見合う技能を持つ人を雇用すること。海外では一般的な制度で、社員は原則その職務以外はせず、年齢が上がっても賃金は増えない。経営環境が変わり、その職務がなくなれば解雇されることもある。

ジョブ型とメンバーシップ型

	ジョブ型	メンバーシップ型 （日本型雇用）
採用	●仕事を特定する ●欠員募集	●仕事を特定しない ●新卒一括
教育 訓練	社外で能力を あらかじめ 身につける	社内で 未経験者を 育てる
異動	希望する限り 同じ仕事を 続ける	様々な仕事を 経験する
賃金	仕事によって 決まる	勤続年数や 年齢が基準
労働 組合	職業別や産業別	企業別

日本で一般的なのはメンバーシップ型雇用で、年功序列や終身雇用を前提に、いろいろな仕事をさせて育成する。グローバル化や技術革新など、経営環境が変わる中、ジョブ型を取り入れる動きがある。

テレワーク実施率急減

日本生産性本部が2023年8月に発表した調査で、働く人のテレワークの実施率が15.5％と新型コロナ禍以降で最低になった。最も高かった初回調査（20年5月）の31.5％と比べ半分以下になった。従業員1001人以上の大企業で22.7％。101〜1千人の企業では15.5％、それ以下の企業では12.8％だった。

新型コロナの5類移行〔➡62ページ〕を受けて、企業が出社を求める動きが活発になっているという。

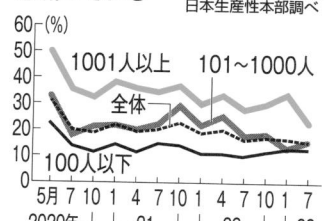

大企業でもテレワーク実施率が急減している
23年4月は調査なし。
日本生産性本部調べ

1001人以上　101〜1000人　全体　100人以下

残業時間に罰則つき上限規制導入

労働基準法は労働時間の上限について、１日８時間、週40時間と定めている。しかし、労基法36条に基づいて、労使が合意して協定（３６協定）を結べばこれを超える上限を設定でき、事実上青天井にできた。

新しい残業規制

2019年４月に施行された働き方改革関連法により、残業時間に罰則つき上限規制が導入された。原則として「月45時間、年360時間」となる。繁忙期など特別な理由があって労使が合意する場合でも「月45時間を超えるのは年６カ月まで」とし、休日労働を含めて「月100時間未満」、「２〜６カ月平均で月80時間以内」などと上限を設けた。上限を超えて働かせた企業には、６カ月以下の懲役か30万円以下の罰金が科せられる。

勤務間インターバル

仕事が終わってから次に仕事を始めるまでに一定の休息時間をおくこと。例えば、ある企業が11時間のインターバル制度を導入すると、24時まで残業をしたら翌日は11時まで働けなくなる。

制度の導入が2019年４月から企業の努力義務となった。過労死対策の「切り札」とも言われるが、22年１月時点の導入実績は5.8％（前年比1.2ポイント増）。政府は25年までに15％以上を目標とするが、隔たりは大きい。

フリーランス新法

フリーランスで働く人を保護する「特定受託事業者に係る取引の適正化等に関する法律」が2023年4月、成立した。公布後、1年6カ月以内に施行される。

フリーランスは、誰にも雇われずに1人で事業を営む働き方で、政府の20年の推計では国内に462万人（本業214万人、副業248万人）いる。取引上の立場が弱く、報酬の支払いが遅れたり、一方的に仕事を取り

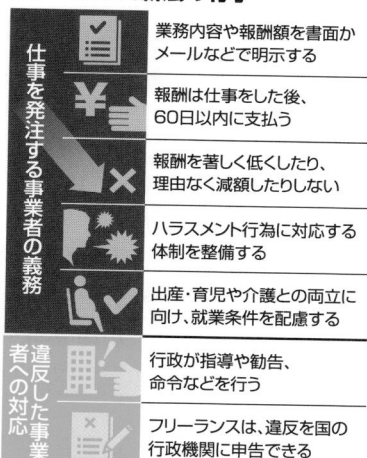

フリーランス新法の骨子

仕事を発注する事業者の義務	業務内容や報酬額を書面かメールなどで明示する
	報酬は仕事をした後、60日以内に支払う
	報酬を著しく低くしたり、理由なく減額したりしない
	ハラスメント行為に対応する体制を整備する
	出産・育児や介護との両立に向け、就業条件を配慮する
違反した事業者への対応	行政が指導や勧告、命令などを行う
	フリーランスは、違反を国の行政機関に申告できる

消されたりといったトラブルが少なくない。新法で取引のルールを定めて、適正化を図る。

企業などから仕事の発注を受けるフリーランスを「特定受託事業者」と位置づけ、保護の対象にする。発注者に対し、契約時に業務内容や報酬額を書面やメールなどで明示することを義務づける。報酬を相場よりも著しく低く定めることや、契約後に不当に減額することは禁止する。発注した仕事の成果を受け取った日から60日以内に報酬を支払うことも義務化する。また発注者には、フリーランスの育児・介護に配慮することや、ハラスメント行為に関する相談体制の整備を義務づける。

違反した事業者には、公正取引委員会や厚生労働相らが指導や命令などを行う。命令に従わないなど悪質な場合は50万円以下の罰金を科す。

インボイス制度

　インボイス（適格請求書）は、品目ごとの消費税率（8％か10％）を明記した請求書。2023年10月から事業者が消費税を納める際、仕入れにかかった税額を差し引くには仕入れ先が発行したインボイスが必要になった。発行できるのは消費税納付義務を負う課税事業者のみ。年間の売上高が1千万円以下の免税事業者は発行できないため、課税事業者から取引を敬遠される恐れが指摘されている。また、インボイスを発行するために課税事業者に転換すると、税負担が重くなる懸念がある。その分を料金に上乗せできれば問題ないが、価格転嫁は難しい現実があり、フリーランスなど零細事業者からは負担増への懸念から反発が出ている。

スポットワーク

　空き時間に単発で仕事を請け負う働き方。オンライン上の仲介会社で、働き手は事前に本人確認書類や顔写真、給料の振込口座などを登録しておけば、仕事を申し込む時に履歴書を作ったり面接を受けたりする必要はない。

　単発のアルバイトは昔からあるが、スポットワークは働き手と雇い主の間にアプリが入ることで、当日や翌日の仕事でもマッチングしやすい仕組みになっている。人手不足が深刻な飲食や小売り、物流で広がっている。

　ウーバーイーツなどのプラットフォーム企業と業務委託契約を結ぶギグワークと呼ばれる働き方も広がっているが、原則的に労働法の対象外で、労災保険が適用されない。一方、スポットワークは企業と働き手が雇用契約を結ぶため、労災保険や最低賃金なども適用される。ただ、募集条件と違う危険な仕事をやらされたりするケースも出ている。

特定技能「2号」の分野拡大

外国人労働者の在留資格「特定技能2号」について、政府は2023年6月、対象を2分野から11分野に広げることを閣議決定した。

特定技能は19年4月、労働力不足に対応するため、新設された。「即戦力の一般労働者」と位置づけられる1号と、「熟練した技能」が必要な2号がある。1号の在留期間は5年が上限で、家族の帯同はできない。2号の在留期間の更新に上限はなく、家族を連れてこられる。試験に合格などすれば1号から2号に移行でき、日本での永住につながる。

だが、1号の対象が飲食料品製造や農業など12分野なのに対し、2号は建設と造船・舶用工業の2分野に限定。法務省によると、23年3月末時点で1号が15万人を超えるのに対し、2号は11人にとどまる。24年春以降、1号の労働者たちが順次、在留期限を迎えるため、経済界などから「引き続き労働現場を支えてほしい」という要望が相次いでいた。

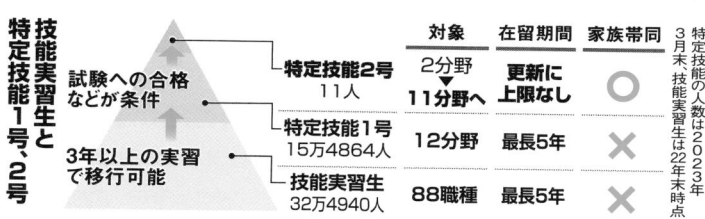

	対象	在留期間	家族帯同
特定技能2号 11人	2分野 ▼ 11分野へ	更新に 上限なし	〇
特定技能1号 15万4864人	12分野	最長5年	✕
技能実習生 32万4940人	88職種	最長5年	✕

技能実習生と特定技能1号、2号

試験への合格などが条件

3年以上の実習で移行可能

特定技能の人数は2023年3月末、技能実習生は22年末時点

医療・福祉、労働、教育

関連用語 　技能実習制度

日本で技術を学び、母国の発展に生かしてもらう目的で、1993年に始まった。食品製造や機械・金属、建設など88職種が対象。本来は「実習」のはずだが、現実には少子高齢化で人手不足が進む地方で現場を支える働き手としての側面が強まっている。また、不当に高額な借金を背負って来日するケースや、実習先から失踪してしまうケースも多い。国際的にも批判の声が出ており、政府は技能実習制度を廃止する方針だ。

教員の多忙と処遇改善

教員の多忙が問題となっている。

文部科学省が2022年度に実施した公立学校教員の勤務実態調査（速報値）によると、成績処理などの業務のICT（情報通信技術）化や、コロナ禍で学校行事が減ったことなどを受け、在校時間は小中学校とも前回調査（16年度）から1日あたり約30分減った。しかし、1カ月あたりの時間外勤務（残業）は、中学校で77％、小学校で64％の教諭が文科省の定める上限基準（45時間）に達した。

長時間労働の一因と指摘されているのが教員給与特措法（給特法）だ。公立学校の教員には、いわゆる「残業代」は支給されない代わりに、給特法に基づいて基本給の4％分が教職調整額として上乗せ支給されている。多くの教員は手当なしで残業しており、「定額働かせ放題」の制度だとの批判がある。

永岡桂子文科相（当時）は23年5月、中央教育審議会（文科相の諮問機関）に対し、①処遇改善②働き方改革③学校の体制充実——の3点についての検討を諮問した。中教審では、教職調整額の引き上げや残業代支給の可否などのほか、残業抑制策や、学校や教員の業務の一部を教員ではない人がどう担うかなど、働き方改革も論点になる。中教審の答申を受けて、文科省は25年通常国会での制度改正を視野に入れている。

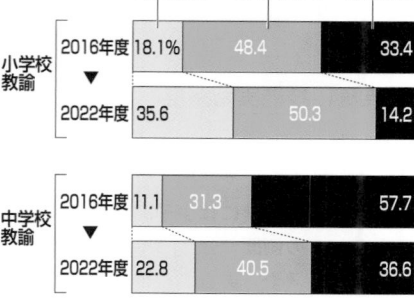

公立学校教員の月の残業時間

45時間未満　45時間以上　80時間超

小学校教諭
2016年度　18.1%　48.4　33.4
▼
2022年度　35.6　50.3　14.2

中学校教諭
2016年度　11.1　31.3　57.7
▼
2022年度　22.8　40.5　36.6

文部科学省調べ。四捨五入により合計は100%にならない

教育DX

DXはDigital Transformationの略で、「教育DX」は、デジタルやデータの活用で教育をよりよく変革するという意味。

全国の小中学生に1人1台ずつタブレットなどの情報端末を配るGIGAスクール構想がコロナ禍で2020年度に前倒しされ、学校の通信環境が整えられた。端末の活用度に差があるが、フル活用して授業スタイルを変える学校も出ている。

また自治体では、就学前の健診や相談、障害がある家族の有無、学校の出欠状況など、各部署がバラバラに保有しているデータを集めることで可視化され、各家庭や子どもが抱える問題を共有し、早期支援する取り組みも出ている。ヤングケアラー〔●135ページ〕の支援や虐待予防にもつなげたい考えだ。教員の負担軽減策として、校務のデジタル化も進む。

CBT（コンピューターを用いるテスト）、AI（人工知能）教材など、文部科学省やデジタル庁、民間教育産業もDX化に乗り出している。

デジタル教科書

パソコンやタブレットなどの端末で見られる教科書。教科書検定を受けた紙の教科書と同じ内容で、指導者用と学習者用がある。学校教育法改正で、2019年度から紙に代えて使用可能になった。

図や文字の拡大縮小、背景色の変更、書き直しできるマーカー、機械音声読み上げなどの機能があるものが多い。実験・資料動画や、立体図形が回転するアニメーションなど、付属のデジタル教材と連携してわかりやすく学べる。文部科学省は24年度にまず英語から全小中学校へ本格導入することを決めた。視力への影響や学習の定着度など、不安の声もある。

小中学生の不登校、最多29.9万人

　文部科学省の調査によると、2022年度の不登校の小中学生は、過去最多の約29万9千人だった。前年度比22.1％の大幅増で、約5万4千人増加した。長期化するコロナ禍による生活環境の変化が影響したとみられる。不登校の小学生は10万5113人、中学生は19万3936人。在籍する児童生徒の3.2％が不登校だった。また、約4割にあたる11万4217人は、養護教諭など、学校内外の専門機関に相談していなかった。

　今回の結果を受け、文科省はこども家庭庁〔→115ページ〕と連携して、不登校といじめ対策の「緊急加速化プラン」を策定。一部は23年度中から実行に移す。プランでは例えば、不登校で学びにつながっていない子どもを支援する地域拠点の強化などを前倒しで行う。

留学生の拡大

　岸田文雄首相は2023年3月、従来の留学生30万人計画に代わり、33年までに外国人留学生の受け入れ数を40万人、日本人学生の海外留学者を50万人にする目標を掲げた。

　国は08年に留学生30万人計画を掲げ、20年を目標に外国人留学生の受け入れ態勢を強化。19年には約31万人を受け入れた。日本人留学生は、コロナ禍前はおよそ22万人だった。

　新たな目標設定の背景には、コロナ禍で停滞していた人流が回復していることや、人材確保の国際間競争が激化している現状がある。海外では、積極的に自国の学生を海外に派遣したり、その国のトップレベルの大学を卒業した外国人に就労ビザを発行したりする国もある。留学を通じ、日本人学生の国際的な人的ネットワーク構築や、人手不足の中での外国人留学生の日本定着を促進したい考えだ。

大学ファンド

世界トップクラスの研究力をめざす「国際卓越研究大学」を支援するため、政府が10兆円規模の基金をつくり、その運用益から1大学あたり年数百億円を配る制度。設備や待遇、サポート態勢などの面での手厚い研究環境や、若手研究者の育成環境を整備したりする。

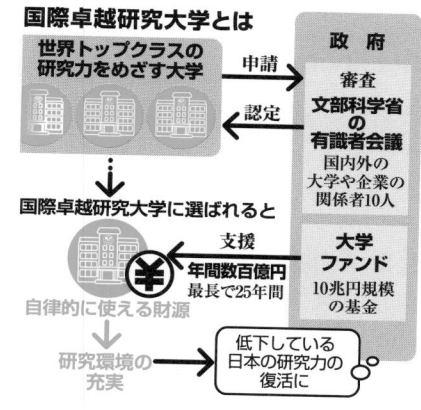

国際卓越研究大学とは

世界トップクラスの研究力をめざす大学 → 申請 → **政府** 審査 **文部科学省の有識者会議** 国内外の大学や企業の関係者10人 ← 認定

国際卓越研究大学に選ばれると

支援 **大学ファンド** 10兆円規模の基金 → 年間数百億円 最長で25年間

自律的に使える財源

研究環境の充実 → 低下している日本の研究力の復活に

研究力低下が続く日本の大学のてこ入れ策として、2022年11月、仕組みを定めた関連法が施行された。同12月に公募を開始し、23年3月末までに東京大、京都大、東北大、東京科学大（東京医科歯科大と東京工業大の共同申請）、名古屋大、筑波大、九州大、大阪大、早稲田大、東京理科大の10校が応募した。各大学が提出した運営計画や事業計画を書面や面接で審査して、東京大と京都大、東北大の3校に絞られると、23年9月に東北大が認定候補に選ばれた。正式認定されると、最長25年間にわたって予算支援を受けられる。文部科学省は、24年度中に2回目の公募をしたい考え。

課題もある。一部の大学のみに資金を投入すると大学間の格差を広げるといった批判は根強い。また、財源となる基金の運用成績によって安定的な支援が難しくなる可能性がある。さらに、大学経営に関与する学外の有識者を含めた機関を設置することになり、自主性や独立性が脅かされるとの懸念もある。

医療・福祉、労働、教育

☑ チェックドリル

Question	Answer
□**1** 2023年5月から、新型コロナウイルス感染症の感染症法上の分類は何類になったか。	1 5類
□**2** 新たな感染症対応の司令塔として、2023年9月に内閣官房に設置された省庁を何というか。	2 内閣感染症危機管理統括庁
□**3** 子宮頸がんの9割以上の原因とされ、性行為によって感染するウイルスを何というか。	3 ヒトパピローマウイルス（HPV）
□**4** 製薬大手エーザイと米国のバイオジェンが共同で開発した、アルツハイマー病用の新薬を何というか。	4 レカネマブ
□**5** 京都大学の山中伸弥教授が2006年に作製に成功した万能細胞を何というか。	5 iPS細胞
□**6** 労働組合の中央組織・連合発表の2023年春闘の平均賃上げ率は何％か。	6 3.58%
□**7** 会社が労働者に支払わなければならない最低限の賃金のことを何というか。	7 最低賃金
□**8** 2023年10月の引き上げにより、**7**の全国平均は何円になったか。	8 1004円

Question	Answer
☐**9** 技術革新や産業構造の変化に合わせて、新たなスキルや知識を身につけることを何というか。	9 リスキリング
☐**10** 会社が職務と賃金を定め、それに見合う技能を持つ人を雇用することを何というか。	10 ジョブ型雇用
☐**11** 一日の仕事が終わってから翌日の仕事を始めるまでに一定の休息時間をおくことを何というか。	11 勤務間インターバル
☐**12** オンライン上の仲介会社に登録し、空き時間に単発で仕事を請け負う働き方を何というか。	12 スポットワーク
☐**13** 日本で技術を学び、母国の発展に生かしてもらう目的で1993年に始まったが、世界的な批判から廃止が検討されている制度は何か。	13 技能実習制度
☐**14** パソコンやタブレットなどの端末で見られる教科書を何というか。	14 デジタル教科書
☐**15** 文部科学省が2024年度から**14**の全小中学校への本格導入を決めたのは何の科目か。	15 英語
☐**16** 2023年9月に、世界トップレベルの研究力をめざす「国際卓越研究大学」の認定候補に選ばれた大学はどこか。	16 東北大学

福島第一原発処理水の海洋放出

東京電力は2023年8月、福島第一原発の処理水の海への放出を始めた。

放出は、増え続ける汚染水対策の一環。福島第一原発では、溶け落ちた核燃料（燃料デブリ）が残る原子炉建屋などに地下水や雨が流れ込み、汚染水が増え続けている。敷地のタンクに保管しているが、6月29日時点で容量の97％にあたる約133万8千tある。限界が近づいており、政府は21年4月に海洋放出を決めた。

汚染水には、多様な放射性物質が高濃度に含まれる。多核種除去設備（ALPS）で大半の放射性物質を除去した後、海水で希釈し、ALPSで取り除けないトリチウムの濃度を1Lあたり1500ベクレル未満（国の放出基準の40分の1）に薄めて、「処理水」として放出する。

トリチウムは三重水素とも呼ばれ、化学的には水素と同じ性質。水の形で存在しているので分離が難しい。トリチウムの国の放出基準は1Lあたり6万ベクレル。国によると、この水を生まれてから70歳まで毎日飲み続けても、被曝は国際的に許容されるレベルという。その40分の1未満とする処理水の濃度について、原子力規制委員会は「人と環境に対しての影響が十分に小さい」としている。

放出は約30年続く見通し。トラブルなく作業を進められるかが課題。漁業などへの風評被害対策も重要だ〔➡51ページ〕。

汚染水の処理や処理水放出の流れ

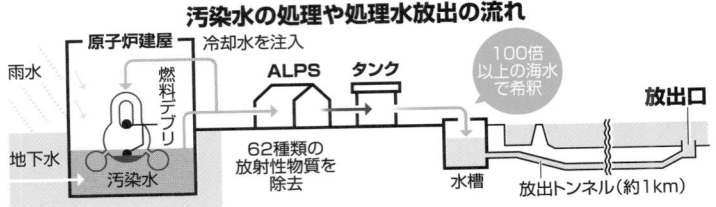

プラスチックごみ規制、国際条約策定へ

　世界各地で深刻化するプラスチックごみによる汚染を止めようと、排出や廃棄を規制する国際条約作りが動き出した。2024年内に法的拘束力のある枠組みを作る方針で、23年から交渉が本格化している。

　経済協力開発機構（OECD）は、19年のプラごみ排出量は約3億5300万tで、60年には3倍になると予測する。一部は海に流出し、観光や漁業など経済的な被害は年約130億ドルになる。自然界では分解されないため、海に流出したプラスチックはマイクロプラスチックとなり、人体に悪影響を及ぼす恐れが指摘される。また、石油から作られるプラスチックは燃やすと温暖化の原因になる二酸化炭素（CO_2）を出す。

　各国は規制強化で一致するが、規制の対象や厳しさをめぐって思惑の違いも浮かぶ。中南米や欧州は世界共通の生産削減も念頭に置く一方、サウジアラビアなど産油国は慎重な姿勢をとる。

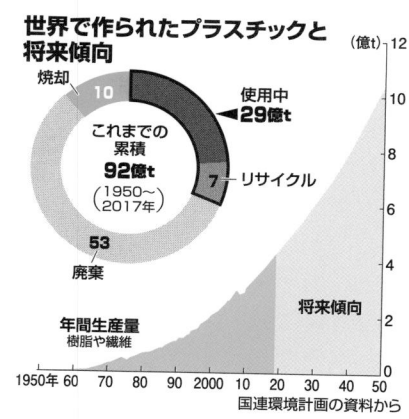

世界で作られたプラスチックと将来傾向

焼却 **10**

使用中 **◀29億t**

これまでの累積 **92億t**（1950〜2017年）

7 ── リサイクル

53 廃棄

年間生産量 樹脂や繊維

将来傾向

1950年 60 70 80 90 2000 10 20 30 40 50

（億t）

国連環境計画の資料から

関連用語　**プラスチックごみの海洋汚染**

　海に流出したプラスチックは、波や紫外線で砕かれ、小さくなる。5mm以下のものはマイクロプラスチックと呼ばれ、回収が難しく、分解もされないため、海にたまる一方となっている。2050年には蓄積した海中のプラごみが魚の重量を超えるとの試算もある。生態系への影響や景観悪化のほか、健康被害も懸念される。

パリ協定

2020年以降の新たな温暖化対策の枠組み。15年12月にパリで開かれた国連気候変動枠組み条約第21回締約国会議（COP21）で採択され、16年11月に発効した。

1997年に採択された京都議定書では先進国にだけ温室効果ガスの削減を義務づけたが、パリ協定ではすべての国が削減に取り組む義務を負う。

温暖化による危機的な影響を防ぐため、産業革命前からの気温上昇を2度よりかなり低く、できれば1.5度に抑えることが目標。そのために今世紀後半に世界全体で温室効果ガスの排出を「実質ゼロ」にすることをうたう。各国は温室効果ガス削減目標などの対策を練り、5年ごとに見直す。

菅義偉首相（当時）は20年10月、50年に温室効果ガスの排出を「実質ゼロ」にすると宣言。21年4月には、30年度に13年度比で「46％削減」にする中間目標を打ち出し、従来の「26％削減」から7割以上引き上げた。だが、21年度は13年度比で16.9％減にとどまり、削減ペースを急激に上げる必要がある。

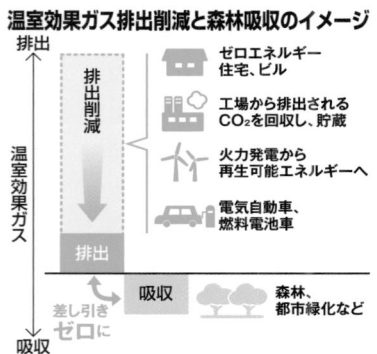

温室効果ガス排出削減と森林吸収のイメージ

排出

排出削減

ゼロエネルギー住宅、ビル

工場から排出されるCO₂を回収し、貯蔵

火力発電から再生可能エネルギーへ

電気自動車、燃料電池車

温室効果ガス

排出

吸収

森林、都市緑化など

差し引きゼロに

吸収

関連用語 「実質ゼロ」

大量の二酸化炭素（CO_2）を出す火力発電を減らして太陽光や風力などの再生可能エネルギーを増やしたり、省エネの徹底や、ガソリン車から電気自動車や燃料電池車への転換を進めたりして排出を減らす。それでも足りない分は、植物などが吸収する分を差し引いて「ゼロ」になるようにすること。

再生可能エネルギー

太陽光や風力、水力、地熱などの自然の力や、動物の排泄物や枯れ葉などの生物資源（バイオマス）を生かした新しいエネルギー。石油など化石燃料のような資源の枯渇がないことや、環境対策、福島第一原発事故後の「脱原発」の世論の高まりを受け、注目度が高まっている。

発電事業者が大手電力会社に長期間、比較的高い固定価格で電気を買い取ってもらえるFIT制度もあり、総電力量に占める再生可能エネルギーの発電割合は2021年度に20.3％になり、初めて2割を超えた。

カーボンプライシング

「炭素の価格化」のこと。二酸化炭素（CO_2）などの温室効果ガスの排出に値段をつけ、費用がかかるようにして削減を促す。排出量に応じて課税する炭素税や、排出量に上限を設けて過不足分を取引する排出量取引、環境対策が緩い国からの輸入品に事実上の税を課す国境炭素税などがある。

脱炭素へ向けた取り組みが求められる中、政府による強制的な制度もあり、欧州では炭素税や排出量取引が導入されている。国境炭素税も2026年から本格導入される。

日本でも、23年10月に企業間でのCO_2排出量取引市場が東京証券取引所に開設された。また、23年5月、脱炭素化を進めるためのGX（グリーン・トランスフォーメーション）推進法が成立した。政府は企業の脱炭素の取り組みを支援する財源として、20兆円規模のGX経済移行債を発行する。返済の財源として、化石燃料の輸入業者などに負担を求める賦課金を28年度に、CO_2の排出枠を電力会社などが買い取る排出量取引を33年度に導入する方針だ。

南海トラフ地震

　静岡県の駿河湾から九州東方沖まで約700kmにわたって続く、深さ約４千mの海底のくぼみ「南海トラフ」で想定される地震。マグニチュード８前後の地震が、約100〜150年間隔で繰り返されている。

　政府の中央防災会議が2019年５月に発表した最大想定死者・行方不明者数は約23万１千人、全壊や焼失する最大想定建物数は約209万４千棟。建物倒壊による復旧費など直接的な経済被害額は約171兆６千億円。

長周期地震動

　数秒以上かけて１往復するようなゆっくりとした大きな揺れ。短周期の揺れに比べて震源から遠くまで届く。堆積層の厚い平野で増幅しやすいほか、高層の建物固有の揺れと一致して共振し、高層階に大きな横揺れをもたらす。東日本大震災では、東京23区のビルの高層階は恐怖感を抱くほど長く大きく揺れた。

長周期地震動で建物が揺れるイメージ

建物の固有周期
振り子が１往復する時間のイメージ

一般住宅（低い建物）＝短い振り子

高層ビル＝長い振り子

１往復する時間が短いため**短い周期**と「共振」する

１往復する時間が長いため**長周期地震動**と「共振」し、大きく揺れる

　気象庁は2023年２月から、長周期地震動で大きな揺れが予想される地域にも緊急地震速報の発表を始めた。主に14、15階以上の高層階での被害を減らすことが狙い。４段階ある長周期地震動の分類のうち、「立っているのが困難で、キャスター付き家具が大きく動く」階級３以上が発表の対象となる。

日本海溝・千島海溝地震

　東北沖から北海道・日高沖に続く日本海溝と、十勝沖から千島列島にかけての千島海溝を震源とする地震。政府は2021年12月、最大級の地震後の津波で、最悪の場合、死者数は日本海溝地震（マグニチュード＝M9.1）で約19万9千人、千島海溝地震（M9.3）で約10万人にのぼるという推計を発表した。いずれの地震も津波による死者がほぼすべてを占める。

　22年12月から、一定規模の地震が起きた際に、さらに大きな後発地震に注意を促す情報の発表が始まった。情報が出れば、北海道〜千葉県の太平洋側を中心とする自治体に、津波警報が出た際に逃げられるよう、避難場所や経路の確認などの防災対応の強化を求める。ただ、大規模な後発地震が必ず起きるわけではないので避難は求めない。

昆明－モントリオール目標

　2022年12月にカナダのモントリオールで開かれた国連の生物多様性条約締約国会議（COP15）で採択された、新しい国際目標。10年のCOP10で採択された「愛知目標」の後継となる。名称は、コロナ禍で延期された20年のCOP15の開催予定地だった中国・昆明にちなむ。

　目標は23項目からなり、陸や海、川など生物多様性の維持に重要な地域など、地球の30％の保全をめざす「30by30」、途上国に対する資金の援助、企業活動が生物多様性に与える影響の評価・開示などが盛り込まれた。

　実施が最大の課題だ。20の目標を定めた愛知目標は、完全に達成された項目は一つもなかった。実効性の弱さが未達成の要因といわれ、新目標では各国の国家戦略を報告させ、評価し、フィードバックする新たな仕組みが新設された。

線状降水帯

暖かく湿った空気が断続的に流れ込み、上昇気流によって複数の積乱雲が一列に並ぶ「バックビルディング現象」が起きて雨が降り続く降水域。通常の積乱雲は直径が約10kmで、1時間ほどで消えるが、線状降水帯は幅

バックビルディング現象のイメージ

❶ 上空に寒気（北西から）

❸ 渦状の上昇気流が発生

❷ 湿った暖気（南から）

生まれた積乱雲が偏西風で次々と東へ

❹

20〜30km、長さ50〜100kmの範囲で積乱雲が繰り返し発生し、数時間は激しい雨が続く。台風を除き、国内の集中豪雨の約3分の2は線状降水帯が原因とされる。

気象庁は2022年6月から、線状降水帯の予測情報の発表を始めた。精度に課題があるものの、早めの避難準備に生かすことが期待される。

観測史上、「最も暑い夏」

気象庁は、2023年6〜8月の平均気温が1898年以降で最も高くなり、「最も暑い夏」だったと発表した。

23年夏は、全国915の観測地点のうち106地点で最高気温を更新するなど、記録的な暑さが続いた。平均気温は平年と比べて1.76度高くなり、1898年の統計開始以降で最も高かった2010年（+1.08度）を大きく上回った。地球温暖化に加え、太平洋高気圧の勢力が強かったことなど、気温を上げる多数の現象が6〜8月に切れ間なく続き、記録的な暑さになったという。

スペースジェット、開発断念

　三菱重工業は2023年2月、国産初のジェット旅客機「スペースジェット」（SJ、旧MRJ）の開発を断念すると発表した。開発が長期化する一方、持続可能な航空燃料「SAF」への対応や電動化など、その間の技術の進化で設計の見直しが必要になり、事業からの撤退を決めた。

　同社は08年にSJの開発に着手。経済産業省からの支援も受け、当初は13年に機体の納入を始めるはずだった。しかし、09年に設計変更を理由に延期すると、その後も検査態勢の不備や試験機の完成遅れなどで延期を繰り返した。さらにコロナ禍で航空需要が低迷したため、20年10月に開発の中断を公表。開発費も大幅に縮小していた。従業員は防衛関連の事業に配置転換し、培った技術は新型戦闘機の開発などに生かしていくという。

持続可能な航空燃料「SAF」

　Sustainable Aviation Fuel。料理に使われた油や藻類、木くずなどからつくられた航空燃料。植物は光合成で二酸化炭素（CO_2）を吸収するので、燃やすときに排出しても総量を増やさないとみなされるため、石油からつくるジェット燃料と比べてCO_2の排出量を8割ほど減らせる。航空業界では、脱炭素の「切り札」とされている。

　特性はジェット燃料と変わらず、安全性も確かめられており、日本は、2030年までに航空会社が使う燃料の10%をSAFに置き換える目標を掲げる。ただ、現時点ではまだ製造会社が少なく、20年時点の生産量はジェット燃料の0.03%ほどしかない。また、SAFの価格はジェット燃料の数倍なので、チケット代が高くなる可能性がある。

リニア中央新幹線

　JR東海が計画しているリニアモーターカー。超電導磁石で車体を浮かせて走る。最高時速505kmで、開通すると東京・品川－名古屋間は40分、品川－新大阪間は67分でつながる。

　2027年の品川－名古屋間の開業へ向けて、JR東海は14年に建設を始めた。しかし、南アルプスを貫く約9kmのトンネルをめぐり、JR東海と静岡県が対立。大井川の水量が減るとして環境への悪影響を心配する静岡県の川勝平太知事が工事を認めていない。27年の開業は絶望的とみられ、開業の時期は見通せない状態になっている。

赤字ローカル線の協議

　赤字ローカル線のあり方をめぐり、対応策を話し合う協議会を国が設置できることを盛り込んだ改正地域公共交通活性化再生法が2023年4月に成立、10月に施行された。

　改正法は、「大量輸送機関としての鉄道の特性」を生かすのが困難なローカル線について、事業者や自治体の要請を受け、国が再構築協議会を設置できるというもの。地域に適した交通手段を話し合い、バスなど鉄道ではない方法に転換する場合でも財政支援をする。対象は、1日1kmあたりの平均利用者数（輸送密度）が1千人未満の線区。協議会は存廃やバス転換などの方針を、3年以内をめどに作成する。

　赤字ローカル線など、地方の公共交通は岐路に立たされている。人口減少にコロナ禍が追い打ちをかけた。同法施行を受け、JR西日本は芸備線の一部区間について、再構築協議会の設置を国土交通省に要請した。JR四国は4月に、4線区について存廃を含めた議論を自治体と始めたいとの考えを表明したが、再構築協の設置には慎重な姿勢だ。

電動キックボード、一部免許不要に

　搭載したモーターで動き、板状の車体に立って乗る電動キックボード。改正道路交通法の施行により、2023年7月から自転車並みの扱いになった。

　最高速度が時速20kmを超えない車体は、16歳未満は運転禁止だが、16歳以上は運転免許が不要になった。ヘルメットの着用は努力義務になり、車道左側や自転車レーンを走行する。最高速度6km以下に制御できる車体は自転車通行可の歩道や路側帯を通れる。ナンバープレートやウィンカーは必要で、自賠責保険の加入も義務だ。

　手軽な交通手段として利用が進むとみられるが、違反や事故が増えており、安全確保が課題だ。

自転車の交通違反に青切符検討

　警察庁は自転車による交通違反について、反則金を納めれば刑事罰を科されない「反則切符」(青切符)を出す交通反則通告制度の対象にする方向で検討を始めた。有識者による検討会を設置して提言を受け、2024年通常国会への道路交通法改正案提出をめざす。

　反則通告制度は、刑事罰に代わる制裁の形として1967年の改正道交法で導入されたが、当時は自転車の違反は車ほど多くなく、制度の対象にならなかった。現状では、自転車は悪質、危険な違反に限り、刑事罰の対象となる交通切符(赤切符)で対応している。しかし、自転車利用が進み、歩行者にけがを負わせるといった事故が増加。赤切符の適用数は増えている。ただ、赤切符を受けて送検されても、起訴されるのはわずかで、違反を減らすには取り締まり制度を変えるべきだと判断した。

環境・国土・交通

☑ チェックドリル

Question	Answer

□1 原発から出た汚染水に含まれる多様な 放射性物質を除去する設備を何という か。

1 多核種除去設備 （ALPS）

□2 波や紫外線で砕かれて5㎜以下となっ たプラスチックごみを何というか。

2 マイクロプラス チック

□3 2020年以降の温暖化対策の国際的な枠 組みを何というか。

3 パリ協定

□4 日本の2030年度の温室効果ガス削減目 標は13年度比で何％か。

4 46％

□5 太陽光や風力などの自然の力や、枯れ 葉などの生物資源（バイオマス）を生 かした新しいエネルギーを何というか。

5 再生可能エネルギー

□6 日本の2021年度の**5**の発電割合は何％ か。

6 20.3％

□7 排出量取引など、「炭素の価格化」を何 というか。

7 カーボン プライシング

□8 欧州で2026年から本格導入される**7**は 何か。

8 国境炭素税

□9 2023年5月に成立した、脱炭素化を進 めるための法律を何というか。

9 GX（グリーン・トランス フォーメーション）推進法

Question

☐**10** 駿河湾から九州東方沖まで約700kmにわたって続く、深さ約4千mの海底のくぼみで想定される地震を何というか。

☐**11** 地震のときに起こる、数秒以上かけて1往復するようなゆっくりとした大きな揺れを何というか。

☐**12** 2022年12月に開かれた国連の生物多様性条約締約国会議（COP15）で採択された、新しい国際目標を何というか。

☐**13** 積乱雲が次々と発生して帯状に並び、大雨が降り続く降水域を何というか。

☐**14** 三菱重工業が2023年2月に開発中止を発表した国産ジェット旅客機を何というか。

☐**15** 料理に使われた油や藻類、木くずなどからつくられた航空燃料を何というか。

☐**16** JR東海が計画しているリニアモーターカーを何というか。

☐**17** **16**に対し、環境への悪影響から工事を認めない静岡県知事は誰か。

☐**18** JR西日本が2023年10月に赤字ローカル線のあり方を協議する「再構築協議会」の設置を国に要請した路線はどこか。

Answer

10 南海トラフ地震

11 長周期地震動

12 昆明ーモントリオール目標

13 線状降水帯

14 スペースジェット

15 持続可能な航空燃料「SAF」

16 リニア中央新幹線

17 川勝平太

18 芸備線

H3打ち上げ失敗

2023年３月、宇宙航空研究開発機構（JAXA）と三菱重工業が共同開発した大型ロケットH3初号機の打ち上げが失敗した。第２段エンジンの着火が確認できず、破壊したという。22年10月の小型ロケット・イプシロン６号機に続く失敗。原因の究明に時間がかかる可能性があり、今後の宇宙開発に影響が出そうだ。

H3ロケットの主な特徴
- 打ち上げ費用はH2Aの半分の**約50億円**
- 静止衛星打ち上げ能力は**6.5トン**

発射台を離れるH3ロケット＝3月7日、鹿児島県の種子島宇宙センター

開発の経緯		
2014年	4月	開発開始
20年	5月	新型エンジンの試験で不具合
	9月	当初予定の20年度内打ち上げを断念
22年	11月	再設計したエンジンなどの確認試験
	12月	23年2月の打ち上げを発表
23年	2月	打ち上げ直前に電気系の問題で中止
	3月	打ち上げたが、2段目が点火せず失敗

　H３は、現在の日本の基幹ロケットH2Aの後継機で、高さは最大63m（初号機は57m）、直径5.2m。人工衛星の打ち上げ需要に応えるため、低コスト化を徹底した。打ち上げ費用をH2Aの半額の約50億円にするのが目標。ただ、主エンジンの開発が難航し、開発費は２千億円を超えている。

関連用語　**イプシロン、試験中に爆発**

　秋田県能代市の宇宙航空研究開発機構（JAXA）能代ロケット実験場で2023年７月、小型ロケット「イプシロンＳ」のモーターの燃焼試験中に爆発があった。ロケット２段目のモーターが爆発したという。24年度を予定するイプシロンＳの初号機の打ち上げに影響が出る可能性がある。

　イプシロンＳは全長約27mの３段構造で、13年から22年まで打ち上げられてきた「イプシロン」の改良型。打ち上げ能力を従来の1.4倍とし、高度700kmまで人工衛星を運ぶことを目標に開発してきた。

アルテミス計画

　米航空宇宙局（NASA）が主導する月探査計画。アポロ計画以来半世紀ぶりに有人月探査をめざす。「アルテミス」はギリシャ神話に登場する月の女神の名前。

　計画では2025年以降、宇宙飛行士を継続的に月に着陸させる。月を回る軌道に宇宙ステーション「ゲートウェー」を建設し、ここを拠点に将来は火星の有人探査もめざす。日本も計画への参加を決定しており、無人補給船「HTV-X」による物資の輸送や、生命維持装置や月面探査車などの開発を担う。

スペースX

　米国の宇宙企業。電気自動車テスラの最高経営責任者（CEO）でもあるイーロン・マスク氏が、ネット決済「ペイパル」の前身となった会社を興して得た資金で2002年に設立した。

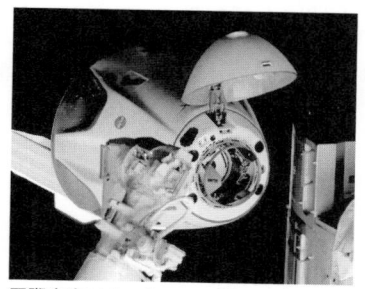

国際宇宙ステーションに近づく有人宇宙船クルードラゴン＝2020年5月、NASAテレビから

　米航空宇宙局（NASA）から委託を受けて、国際宇宙ステーション（ISS）へ無人補給船を打ち上げるなど、宇宙開発分野で実績を重ねている。主力ロケットのファルコン9は回収・再利用が可能で、低コストを実現。1回につき、当時のレートで日本のH2Aの半額ほどの打ち上げ費用と、価格破壊をもたらした。開発したクルードラゴンが20年に民間宇宙船として初めてISSに宇宙飛行士を運び、21年9月には民間のみによる世界初の地球周回旅行を始めた。NASAのアルテミス計画では、月面着陸機の開発企業に選ばれている。

国産量子コンピューター稼働

　理化学研究所などが開発する次世代の計算機と目される国産初の量子コンピューターが、2023年3月に完成した。

　従来の計算機は、内部であらゆる情報を「０」か「１」のどちらかで表現する。一方、量子コンピューターは「０」でもあり「１」でもあるという、両方が存在する特別な状態を利用する。複数の組み合わせを一度に計算できるため、スーパーコンピューターでも何万年、何億年かけても解けない問題が簡単に解ける可能性がある。

　政府は18年度から約25億円を投じ、理研が中心となり開発を進めてきた。初号機は基礎段階だが、量子コンピューターによって新素材開発や創薬、金融、人工知能（AI）など複雑な計算が必要な分野の研究が進むと期待される。

　また、インターネットや金融で使う現在の暗号が簡単に解けるようになる。国家機密の暗号解読にも使われる懸念があり、米中などは安全保障上の問題と位置づけ、巨額の資金を投じて開発にしのぎを削る。実用化までの課題は多いが、未来の社会を変えるゲームチェンジャーとなる可能性を秘める。

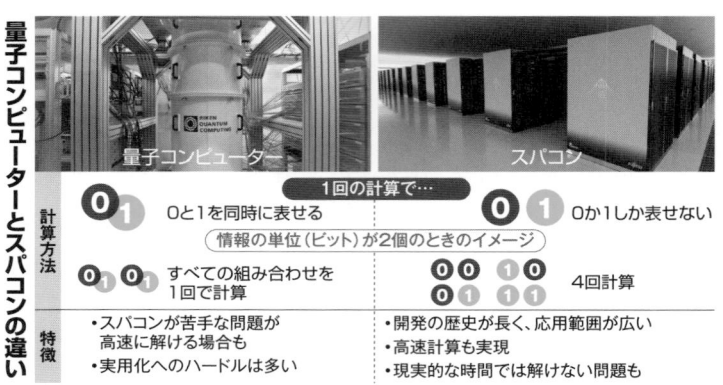

量子コンピューターとスパコンの違い

	量子コンピューター	スパコン
	1回の計算で…	
計算方法	**0 1** ０と１を同時に表せる	**0 1** ０か１しか表せない
	情報の単位（ビット）が2個のときのイメージ	
	0 0 すべての組み合わせを1回で計算	**0 0　1 0**　4回計算　**0 1　1 1**
特徴	・スパコンが苦手な問題が高速に解ける場合も ・実用化へのハードルは多い	・開発の歴史が長く、応用範囲が広い ・高速計算も実現 ・現実的な時間では解けない問題も

ゲノム編集

　遺伝子を狙った部分で切ったり、置き換えたりする技術。細胞内の遺伝子の特定の場所に結合する性質を持ったRNA分子とDNAを切断する酵素を組み合わせたCRISPR／Cas9が2012年に開発されると、使いやすさから急速に普及している。開発した米仏の２氏は、20年にノーベル化学賞を受賞した。

　放射線を照射して人為的に突然変異を起こす従来の品種改良や遺伝子組み換え技術に比べ、飛躍的に効率が良く、農作物や家畜の性質を改良する研究が進む。日本でも21年にゲノム編集で栄養成分を増やしたトマトや肉厚のマダイ、成長が早いトラフグの販売が始まった。食料生産の効率アップにつながる可能性を秘める。

　一方、遺伝子を操作した動物の安全性の問題や、生態系などへの環境影響をどう評価するかは国際的に定まっていない。遺伝子操作に対する消費者の受け止めが普及のカギを握りそうだ。

　ゲノム編集を利用してエイズやがんを治療する臨床研究も行われている。だが、ヒトへの応用を考えた場合、狙っていない遺伝子が書き換えられる危険や次世代へのリスクを残すことになる。

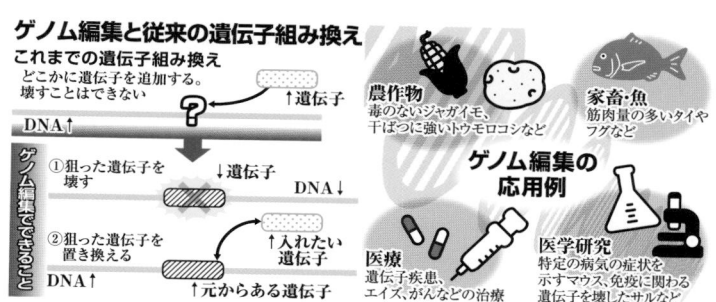

ゲノム編集と従来の遺伝子組み換え

これまでの遺伝子組み換え
どこかに遺伝子を追加する。
壊すことはできない　　↑遺伝子

DNA↑

ゲノム編集でできること
①狙った遺伝子を壊す　　↓遺伝子

DNA↓

②狙った遺伝子を置き換える　　↑入れたい遺伝子

DNA↑　　↑元からある遺伝子

ゲノム編集の応用例

農作物
毒のないジャガイモ、干ばつに強いトウモロコシなど

家畜・魚
筋肉量の多いタイやフグなど

医療
遺伝子疾患、エイズ、がんなどの治療

医学研究
特定の病気の症状を示すマウス、免疫に関わる遺伝子を壊したサルなど

人新世

　人類の活動が、地層に影響を残す、新しい地質時代という意味。ノーベル化学賞を受賞したパウル・クルッツェン博士らが2000年に「Anthropocene（アントロポセン）」と名づけた。「じんしんせい」「ひとしんせい」と読む。

　国際地質科学連合の人新世作業部会は2023年7月、時代の境界が最も明瞭に示された地層のある場所「国際標準模式地」に、カナダ・トロント市郊外のクロフォード湖を選出した。湖底に積もった堆積物からは、1940年代後半からプルトニウムなどの核実験による放射性物質が検出され、50年代になると化石燃料を燃やすことで生じるブラックカーボン（すす）が急増しているという。今後、理事会に提案され、承認されれば新たな時代区分として決まる。

　大分県の別府湾（ベップワニアン）も候補に入っており、千葉県市原市の地層をもとに命名されたチバニアンに続くことが期待されたが、落選した。

地質年代とは

関連用語　チバニアン

　約77万4千〜12万9千年前の地質時代。2020年1月に「更新世・チバニアン（千葉の時代）期」と命名された。日本の地名が時代の名前になるのは初めて。千葉県市原市の地層「千葉セクション」で地磁気が逆転した痕跡があるのを茨城大や国立極地研究所などのチームが示し、国際地質科学連合が認めた。地磁気が最後に逆転した時の痕跡という。

国立科学博物館がクラウドファンディング

国立科学博物館が2023年8月にクラウドファンディング（CF）を始めたところ、わずか9時間で目標の1億円に到達した。10月5日時点で7.8億円が集まっている。

集まった支援金は、博物館として最大の使命である標本・資料の収集や保管の費用に充てる。科博によると、500万点以上の標本・資料を保管しているが、傷まないよう収蔵庫を適切な温度や湿度にする必要がある。しかし、光熱費の支出が増加し、23年度は21年度に比べて約2倍の3.8億円となる見込みで資金的に逼迫。さらに、コロナ禍による入館者の激減もあり、厳しい運営状況という。

うるう秒、廃止へ

時計と地球の自転のずれを調整する「うるう秒」が2035年までに実質的に廃止される見込みとなった。22年、標準時のもとになる時刻の管理を担う国際組織の会議国際度量衡総会が決議した。

かつて時の定義は、地球の自転に基づいていたが、潮の満ち引きなどで速度が微妙に変動してしまう。うるう秒は、高精度な原子時計で決めている「協定世界時」（UTC）と自転に基づく時刻を合わせるためのもの。時間差が0.9秒を超えそうになったとき、UTCを1秒分調整する。ほぼ4年に1度規則的にくるうるう年と違い、不規則で、半年前にしかわからない。過去27回、直近だと17年にあった。

1972年の導入当時、航海中の位置把握は特定の時刻の天体の方角から算出していた。00年ごろから全地球測位システム（GPS）による位置特定が一般化し、うるう秒の必要性が薄れる一方、時刻調整によるシステム障害が問題となっていた。

生成AI

人間の指示に従って、文章、画像、動画などを生成する人工知能（AI）。英語では「generative AI」と呼ばれる。

米オープンAIが開発したChatGPTは、その一つ。質問を入力すると、人間との会話のように自然な回答が返ってくるチャットボット（自動応答システム）で、2022年11月末に公開されると、2カ月で利用者が1億人に達した。

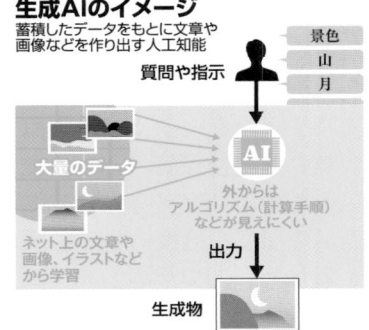

生成AIのイメージ
蓄積したデータをもとに文章や画像などを作り出す人工知能

質問や指示に自然な言葉で答えてくれるChatGPT（チャットGPT）が有名。高精度の画像をつくるものもある
無料や低額で利用できるサービスもあって急速に普及している

新興企業や、グーグルやメタなど米IT大手も開発を進めており、競争は激化している。

営業や顧客対応のメールやチャット、プログラミングのコード作成、広告のコピーや映画の脚本、イラストのデザインなど様々な作業の効率化につながると期待されている。一方で、学習したデータに誤りや偏見が含まれると回答に反映されたり、学習した文章や絵の著作権を侵害したりする恐れが指摘されている。業務の効率化は人員削減につながるため、職を失う可能性はないか、危機感を募らせる人々もいる。

こうした懸念に対し、米国ではChatGPTに対して米連邦取引委員会（FTC）が23年7月、消費者保護に関する法律に抵触していないか、大規模な調査を始めた。欧州連合（EU）も生成AIに対して包括的な規制法を準備しているほか、主要7カ国（G7）は国際的な規制の枠組みの議論をしている。中国政府も、生成AIのサービス提供には当局の許可を義務づける新たな取り組みを8月に施行した。

デジタル課税

デジタル課税は、GAFA など、巨大IT企業などに対し、サービスの利用者がいる国（市場国）も課税できるようにする制度。2021年10月、日本など136カ国・地域がデジタル課税制度の創設について合意した。

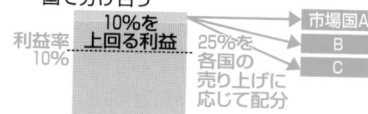

国際課税の新ルールの概要

デジタル課税の導入
- 巨大IT企業のサービスの利用者がいる国（市場国）は、工場などの拠点がなくても課税可能に
- 利益率10%を上回る利益の25%を市場国で分け合う

対象企業の利益率10%を上回る利益の25%を売り上げに応じて各国で配分し、課税する。企業にかける法人税の最低税率を15%にするのと併せて、多国籍企業の「課税逃れ」に歯止めをかけることが狙い。25年の実施をめざしている。

現在のルールでは、工場や事務所などの恒久的な拠点を置く国や地域で法人税を納めることが原則で、ある国の消費者や企業を相手にネット上のビジネスで利益を上げても、その国に拠点がなければ課税することは難しい。デジタル課税で課税対象となる利益は年間1250億ドル以上とされ、日本も新ルールでIT企業などからの税収が増えるとみられる。

関連用語 **GAFA**

世界を席巻する米国のIT大手4社の頭文字をつないだ造語。「G」は検索エンジンのGoogle、「A」はネット通販のAmazon、「F」はソーシャル・ネットワーキング・サービス（SNS）のFacebook（現Meta）、「A」はデジタルデバイスのApple を指す。

GAFA などの巨大IT企業は「プラットフォーマー」と呼ばれ、検索履歴や買い物履歴、情報発信などインターネットのサービスを通じて膨大なデータを収集・分析してビジネスに利用し、圧倒的な存在感を見せる。強すぎる影響力を制御することを狙いに、規制強化の動きが出ている。

ウェブ3.0

ウェブ3.0は、GAFAなどの米IT大手が覇権を握る今のインターネットを「2.0」と位置づけ、それに代わる次世代のネットを表す概念。取引に関わる参加者が取引履歴を分散共有するブロックチェーン（分散型台帳）と呼ばれる技術を基盤とし、特定の管理者に頼らずに取引の信頼性を担保できる。ビットコインなどの暗号資産や、デジタルアートなどの希少性を証明するNFTといった技術が知られる。

急成長するこの分野では、スタートアップ（新興企業）だけでなく大手企業も参入し、国際的な競争が激しさを増している。ただ、日本では暗号資産をめぐる税制などが壁になっており、シンガポールやドバイに渡る起業家も多く、政府が対策の議論を本格化させている。一方、利用者保護の観点から、詐欺や投機的な動きなどを問題視する意見もある。

NFT

非代替性トークン。NFTは、Non-Fungible Tokenの頭文字。ある電子データが真正なことを示す証明書のようなもの。ビットコインなどの暗号資産と同様に、ブロックチェーン技術で管理する。透明性が高くて改竄やコピーが難しく、購入履歴なども記録して残せる。

デジタル上のデータやアート作品などに、NFTの技術を使って「本物」と証明書を付けて売買するNFT市場が急拡大している。デジタルアートや電子映像は複製が容易だが、NFTにより「正真正銘の購入者」の証しを独占できるとして、高値で落札されている。一方で、著作権侵害の例も多く見つかっており、対策が急がれる。

アプリ市場の寡占規制

政府は2023年6月、米国のアップルとグーグルによるスマートフォンの基本ソフト（OS）市場の寡占問題に対応するための新たな規制案をまとめた。

スマホOSの国内シェアはアップルのiOSとグーグルのアンドロイドで9割超を占める寡占状態が固定化し、手数料の高止まりなど

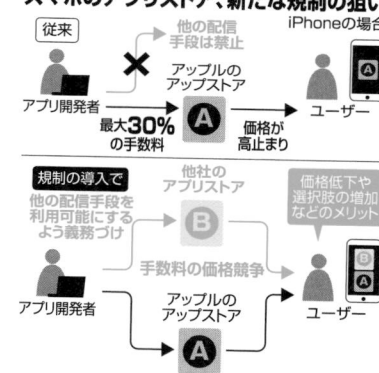

スマホのアプリストア、新たな規制の狙い

従来 — 他の配信手段は禁止 / アップルのアップストア A 最大30%の手数料 / 価格が高止まり / ユーザー iPhoneの場合

規制の導入で — 他の配信手段を利用可能にするよう義務づけ / 他社のアプリストア B / 手数料の価格競争 / アップルのアップストア A / 価格低下や選択肢の増加などのメリット / ユーザー

の問題が指摘されている。従来の独占禁止法などに加えて、競争を妨げる危険性が高い行為を前もって禁じる「事前規制」を競争政策に導入する。

アプリ開発者のイノベーション（技術革新）を阻害しているなどとして、アップルが現在認めていない他社のアプリストア経由での入手も認めるよう義務づける。また、最大30％と、アプリ企業が支払う高額な手数料を引き下げさせる。グーグルで地名を検索すると検索上位にグーグルマップが表示されるような自社サービスの優遇も規制する。24年通常国会への法案提出をめざす。

巨大IT企業をめぐり、政府は21年、ネット通販などの取引条件の開示を義務づけるデジタルプラットフォーム取引透明化法を施行し、対象の企業を絞って規制する枠組みを作った。今回は、それに続く競争上の規制強化の第2弾となる。公正取引委員会は23年2月、スマホのアプリ市場などについて「十分な競争が働いていない」として、新たな法整備を政府に提言していた。

NTTの完全民営化を検討

　政府が保有するNTT株売却について、自民党が議論を本格化させている。売却案が浮上したのは、防衛予算〔●21ページ〕の確保が目的で、防衛増税を少しでも避ける狙いがある。

　NTTは1985年に旧電電公社を民営化して発足したが、その後も政府が株式の3分の1以上を保有することがNTT法で定められている。2023年3月末時点の政府の保有割合は34.25%で、4.7兆円に相当する。自民党内のプロジェクトチームは11月に政府への提言をまとめる予定。

　NTT法の廃止を視野に、完全民営化に向けた検討も行う。次世代通信規格「6G」など、国際的な技術開発競争が激しくなる中、同法で定められた研究成果の公開が競争力の妨げとなっている。政府もNTT法などの見直しについて、情報通信審議会（総務相の諮問機関）に諮問した。

ローミング

　契約している通信事業者の通信網が使えないときに、他社の通信網に乗り入れて通信を使うこと。海外旅行の際や、楽天モバイルが自社の基地局設備が不十分な地域でKDDIの通信を使う例など、身近に利用されている。

　米国や韓国などでは、災害で基地局が使えない場合などを想定し、携帯電話事業者などにローミングを義務づけている。2022年7月に起きたKDDIの通信障害は約61時間に及んだ。個人利用にとどまらず、幅広い分野でサービスが滞ったことから、総務省は一般通話やデータ通信ができるフルローミング方式を導入する方針だ。フルローミングが難しい場合でも、110番、119番ができる「緊急通報のみ」のローミング方式を可能にする。25年度末ごろに運用を始める計画だ。

サイバー攻撃

　コンピューターシステムへの不正なアクセスや悪意ある膨大な通信を発生させることで、情報を盗んだり、動作不能にしたりする反社会的行為のこと。

　近年、脅威が増している。理由の一つが新型コロナウイルスの流行だ。テレワークが広がる中、自宅から会社や組織にインターネット接続するVPN機器が大量に設置された。これに対しハッカーが、あるメーカーのVPN機器の欠陥を見つけ、世界中の会社や組織に侵入。ランサムウェア（身代金ウイルス）によるサイバー攻撃で、莫大な金を手にした。また、ロシアがウクライナに侵攻する中、親ロシア派ハッカー集団の存在もちらつく。

　サイバー空間の脅威の深刻化を踏まえ、警察庁は2022年4月、サイバー特別捜査隊を発足させた。国境のないサイバー攻撃に対処するため、国の機関が初めて直接捜査にあたる。機密情報を狙った国家レベルの攻撃など、重大なサイバー事案の実態解明をめざしている。

IoT（モノのインターネット）

　コンピューターやスマートフォン、家電や産業機器などあらゆるモノをインターネットでつなぐこと。Internet of Things の頭文字で、「モノのインターネット」と言われる。遠隔操作や自動制御のほか、モノから大量の情報を集めて、効率的な使い方や新しいサービスの開発に役立てることなどが期待されている。

　IT専門調査会社のIDCジャパンは、国内IoT市場におけるユーザー支出額について、2022年の実績は5兆8177億円、27年には8兆7461億円に達すると予測している。

科学・技術、情報・通信

✓ チェックドリル

Question	Answer

□1 日本の基幹ロケットとして開発されてきたが、2023年3月に打ち上げに失敗した大型ロケットを何というか。

1 H3

□2 米航空宇宙局（NASA）が進める、アポロ計画以来となる有人月探査をめざす計画を何というか。

2 アルテミス計画

□3 米国の宇宙企業スペースX社の設立者は誰か。

3 イーロン・マスク

□4 スペースX社の主力ロケットを何というか。

4 ファルコン9

□5 理化学研究所などが2023年3月に完成させた次世代のコンピューターを何というか。

5 量子コンピューター

□6 人工知能（AI）がすべての分野において全人類の能力を超える「技術的特異点」を英語では何というか。

6 シンギュラリティー

□7 米オープンAIが開発した、質問を入力すると人間との会話のように自然な回答が返ってくる人工知能（AI）を何というか。

7 ChatGPT

Question	Answer
□**8** 地質時代の正式な区分として位置づけることを国際組織が検討している、「人類の活動が地層に影響を残した新しい地質時代」を何というか。	8 人新世
□**9** 国際地質科学連合の作業部会が2023年7月に**8**の国際標準模式地として選出したのはどこか。	9 クロフォード湖（カナダ）
□**10** GAFAなどの巨大IT企業や多国籍企業に対し、サービスの利用者がいる国でも課税できるようにする制度を何というか。	10 デジタル課税
□**11** ある電子データが真正なことを示すデジタル証明書「非代替性トークン」の英文略語は何か。	11 NFT
□**12** 防衛予算の確保を目的に、自民党が売却を検討している政府保有株はどこの会社の株か。	12 NTT
□**13** サイバー空間の脅威が増していることに対応するため、警察庁が2022年4月に発足させた組織を何というか。	13 サイバー特別捜査隊
□**14** コンピューターやスマートフォン、家電や産業機器などをインターネットでつなぐ「IoT」は、日本語で何というか。	14 モノのインターネット

世界遺産

1972年にユネスコ（国連教育科学文化機関）で採択された「世界の文化遺産及び自然遺産の保護に関する条約」に基づいて登録される遺産。貴重な自然や人類の宝を守るため、国際協力を実現するのが目的で、文化遺産、自然遺産、その両方を兼ね備えた複合遺産がある。天災や戦争などで危機に瀕した遺産として、危機遺産リストに登録されるものもある。登録件数は2023年現在、1157件（文化900、自然218、複合39）に上り、近年は登録を抑制する傾向にある。

政府は23年の佐渡金山遺跡（新潟県）の世界文化遺産登録をめざして22年2月、ユネスコへ推薦書を提出した。佐渡金山遺跡は、西三川砂金山、相川金銀山、鶴子銀山からなる。しかし、ユネスコから推薦書の一部に不備を指摘され、修正した正式版を23年1月に再提出した。

23年8月、諮問機関イコモスが現地調査を実施した。イコモスは調査結果を踏まえ、24年春ごろに「登録」「不登録」などを勧告。例年夏ごろに開かれる世界遺産委員会で登録の可否が決まる予定だ。

日本の世界遺産 （2021年までの25件、登録順。＊は自然遺産）

法隆寺地域の仏教建造物／姫路城／屋久島＊／白神山地＊／古都京都の文化財／白川郷・五箇山の合掌造り集落／原爆ドーム／厳島神社／古都奈良の文化財／日光の社寺／琉球王国のグスク及び関連遺産群／紀伊山地の霊場と参詣道／知床＊／石見銀山遺跡とその文化的景観／平泉－仏国土（浄土）を表す建築・庭園及び考古学的遺跡群／小笠原諸島＊／富士山－信仰の対象と芸術の源泉／富岡製糸場と絹産業遺産群／明治日本の産業革命遺産 製鉄・製鋼、造船、石炭産業／ル・コルビュジエの建築作品（国立西洋美術館）／「神宿る島」宗像・沖ノ島と関連遺産群／長崎と天草地方の潜伏キリシタン関連遺産／百舌鳥・古市古墳群／奄美大島、徳之島、沖縄島北部及び西表島＊／北海道・北東北の縄文遺跡群

富雄丸山古墳で最大の銅鏡・鉄剣が出土

　日本最大の円墳・富雄丸山古墳（奈良市、4世紀後半）で、過去最大となる盾形銅鏡と巨大な鉄剣が出土した。

　古墳の造り出し（突出部）で、全長5m前後の木棺を収めた埋葬施設を新たに発見。木棺を覆う粘土の中から、全長約2.37m、幅約6cmの鉄剣と、長さ約64cm、幅約31cmの銅鏡が重なって出土した。銅鏡は通常の円形ではなく、盾の形をした類例のないもの。中央に鈕(ちゅう)（つまみ）があり、その上下に二つ、日本列島で作られた大型の銅鏡「だ龍鏡」とそっくりの円形文様があることから「だ龍文盾形銅鏡」と命名された。鉄剣は左右にうねるように屈曲した蛇行剣で、その巨大さから、実用の武器ではなく、邪悪なものを退ける祭器だったとみられる。

対馬の盗難仏像、韓国高裁判決

　2012年に長崎県対馬市の観音寺から盗み出され、韓国へ持ち込まれた長崎県の指定有形文化財「観世音菩薩坐像(ぼさつざぞう)」の所有権をめぐる訴訟の控訴審で、韓国の大田(テジョン)高裁は23年2月、韓国中西部の忠清南道(チュンチョンナムド)にある浮石寺(プソク)の所有権を認定した一審判決を取り消して観音寺の所有権を認めた。

　仏像は13年に韓国で容疑者の韓国人グループが検挙されたため、韓国政府側が保管している。控訴審判決は一審と同様に浮石寺の仏像が倭寇に略奪されて不法に日本に持ち出されたと認定したが、14世紀当時の浮石寺と原告が同一である証拠はないと指摘し、原告の所有権は認められないとした。一方、観音寺が20年以上にわたって仏像を所有してきたことから、日韓双方の民法上の取得時効が成立するとして観音寺の所有権を認めた。原告側は上告した。

文化庁の京都移転

　文化庁が2023年3月、東京から京都に移転し、業務を開始した。全国の国宝の約20％が集まるなど、伝統文化が色濃く残る京都が文化行政の拠点となる。

　京都に移るのは、政策課や文化財関連の部署など計6部署。著作権や国語、文化施設などを担う計7部署は引き続き東京に残る。同庁によると、スタート当初は京都に約390人、東京に約200人の体制になるという。

　中央省庁の移転は、安倍晋三政権が掲げた地方創生の一環で16年に決まり、文化庁は唯一「全面的に移転」とされた。ほかに実現したのは消費者庁（徳島県）と総務省統計局（和歌山県）で、それぞれ一部機能の移転にとどまっている。

2025年大阪・関西万博

　2025年国際博覧会（万博）が、大阪市で開かれる。国内での大規模万博の開催は05年の愛知万博以来、大阪では1970年以来55年ぶり。正式名称は「2025年日本国際博覧会」。誘致の段階から関西全体をアピールしてきたことや、70年の大阪万博と区別することを踏まえ、略称は「大阪・関西万博」となった。

　開催期間は25年4月13日から10月13日。大阪市湾岸部の人工島「夢洲（ゆめしま）」が会場で、テーマは「いのち輝く未来社会のデザイン」。来場者は愛知万博を約600万人上回る約2820万人、経済波及効果は約2兆円と見込まれている。ただ、コロナ禍前の試算で、実際どれほどの人が来場するかは見通せない。

　153カ国・地域、8国際機関が参加を表明している。人手不足や建設費の高騰などにより、「万博の華」とも呼ばれるパビリオン建設に遅れが生じる懸念が出ている。

藤井聡太、史上初の八冠達成

将棋の藤井聡太名人・竜王が、史上初の「八冠独占」を達成した。名人・竜王・王位・叡王・棋王・王将・棋聖という七つのタイトルを保持する藤井名人は2023年10月、唯一残っていた王座のタイトルを奪取した。

記者会見で自筆の色紙を掲げる藤井聡太八冠＝2023年10月

藤井八冠は、愛知県瀬戸市出身。杉本昌隆八段門下。16年に史上最年少の14歳2カ月でプロ入りし、史上5人目の「中学生棋士」に。デビューから負けなしの29連勝という新記録で藤井ブームを巻き起こし、20年には初タイトルの棋聖を奪取した。23年6月に20歳10カ月で初の名人位を獲得し、タイトルが七つだった1996年に羽生善治九段が果たした全七冠制覇以来、史上2人目の七冠も最年少で達成した。

これまでに出場した18回のタイトル戦の番勝負をすべて制している。数々の最年少記録を打ち立ててきたが、ついに前人未到の頂点を極めた。

関連用語 （ 囲碁・藤田怜央、9歳でプロ初勝利 ）

囲碁の史上最年少プロ、藤田怜央（れお）初段が2023年1月、第49期名人戦の予選Cで、プロ初勝利を挙げた。9歳9カ月での公式戦初勝利は、仲邑菫（なかむらすみれ）女流棋聖〔➡3㌻〕の10歳4カ月を更新し、最年少記録になった。

藤田初段は、初勝利の時は大阪市の小学3年生。22年9月1日付で関西棋院が、プロ採用した。同10月に公式戦デビューしたが、それまで3戦3敗だった。

ハリウッドのストライキ

　俳優ら約16万人が加入する米ハリウッド最大の労働組合「全米映画俳優組合」が2023年7月、映画やテレビ出演を見合わせるストライキに入った。同5月には約1万人の脚本家らが加入する組合がストを始めており、俳優と脚本家の「同時スト」は1960年以来、63年ぶり。

　ストの背景の一つは、ストリーミング動画配信の拡大だ。ネットフリックスなど定額制のサブスク型の動画配信が拡大する中、再生回数などを報酬に反映するよう求めている。もう一つは人工知能（AI）だ。製作会社側が保有する情報を元に、俳優が演技している映像をAIで新たに生成した場合、俳優の出演機会や収入が減ることにつながるため、AIで俳優の仕事を代替しないという保証も要求している。

　脚本家らの組合は10月にストを終えたが、俳優組合のストは継続中だ。製作が止まり、多くの映画やドラマなどが公開延期や宣伝中止に追い込まれている。

「スーパーマリオ」映画が大ヒット

　任天堂のアクションゲーム「スーパーマリオ」シリーズを映画化した「ザ・スーパーマリオブラザーズ・ムービー」が世界中で大ヒットしている。2023年5月、日本公開の洋画アニメ作品では史上最速で興行収入100億円を突破した。

　映画は、任天堂と、「ミニオンズ」などを手がけた米イルミネーションの共同制作。マリオの「生みの親」として知られる任天堂の宮本茂・代表取締役フェローがプロデューサーを務めた。世界でも大ヒットの一方、米大手映画批評サイトでの観客満足度の高さと批評家の辛い評価の落差が話題にもなった。

映画、音楽、文学の主な賞

●アカデミー賞とグラミー賞

米国最大の映画賞がアカデミー賞。グラミー賞は米国最大の音楽賞。

〔23年・第95回アカデミー賞〕作品賞、監督賞など7部門=ダニエルズ監督（ダニエル・クワン、ダニエル・シャイナート）「エブリシング・エブリウェア・オール・アット・ワンス」（エブエブ）／主演男優賞=ブレンダン・フレイザー「ザ・ホエール」／主演女優賞=ミシェル・ヨー「エブエブ」

〔23年・第65回グラミー賞〕年間最優秀レコード賞=リゾ「アバウト・ダム・タイム」／年間最優秀楽曲賞=ボニー・レイット「ジャスト・ライク・ザット」

●3大国際映画祭

カンヌ（仏）、ベネチア（伊）、ベルリン（独）の三つの映画祭。コンペティション部門の最優秀作品に対し、カンヌは「パルムドール」が、ベネチアは「金獅子賞」が、ベルリンは「金熊賞」が授与される。

〔23年・第76回カンヌ国際映画祭〕パルムドール=ジュスティーヌ・トリエ監督「アナトミー・オブ・ア・フォール」／脚本賞=坂元裕二「怪物」／男優賞=役所広司「パーフェクト・デイズ」

〔23年・第80回ベネチア国際映画祭〕金獅子賞=ヨルゴス・ランティモス監督「哀れなるものたち」／銀獅子賞（審査員大賞）=濱口竜介監督「悪は存在しない」

〔23年・第73回ベルリン国際映画祭〕金熊賞=ニコラ・フィリベール監督「オン・ジ・アダマント」

●芥川賞と直木賞

純文学の新人作家に芥川賞が、大衆文学の新人・中堅作家に直木賞が与えられる。

〔22年下半期・第168回受賞作品〕芥川賞=井戸川射子「この世の喜びよ」、佐藤厚志「荒地の家族」、直木賞=小川哲『地図と拳』、千早茜『しろがねの葉』

〔23年上半期・第169回受賞作品〕芥川賞=市川沙央「ハンチバック」、直木賞=垣根涼介『極楽征夷大将軍』、永井紗耶子『木挽町のあだ討ち』

●本屋大賞

全国の書店員が一番売りたい小説を投票で選ぶ文学賞。大衆性が強いはずの直木賞の結果への違和感から創設された。

〔23年・第20回本屋大賞〕凪良ゆう『汝、星のごとく』

異次元の少子化対策

岸田文雄首相は2023年6月、「異次元の少子化対策」の具体策を盛り込んだこども未来戦略方針を発表した。28年度までに取り組む加速化プランで年3.5兆円規模を投じ、少子化に歯止めをかけたい考えだ。

未来戦略方針の加速化プランに基づく子ども1人あたりの関連予算は、先進国でトップクラス。児童手当の所得制限（主な生計者の年収が960万円以上で月5千円に減額、年収1200万円以上は支給額ゼロ）を

「こども未来戦略方針」の骨子

児童手当	● 児童手当は所得制限を撤廃し、全員に満額給付。支給を高校生年代まで延長。第3子以降は全て月3万円。2024年度中の実施を検討
高等教育費	● 授業料減免や給付型奨学金を24年度から多子世帯や理工農系の学生のいる世帯の中間層（世帯年収約600万円）に拡大。さらに支援拡充を検討 ● 授業料後払い制度を24年度から修士の学生を対象に導入
保育	● 就労要件を問わず時間単位で利用できる「こども誰でも通園制度（仮称）」を創設。24年度から本格実施
育休・働き方	● 出生後一定期間内に両親ともに育児休業の取得を促進するため、給付金の給付率を「手取りで10割相当」に引き上げ。25年度からの実施を目指す ● 子どもが2歳未満までの時短勤務による賃金低下を補う「育児時短就業給付（仮称）」を創設。25年度からの実施を目指す
財源、負担	● 28年度まで徹底した歳出改革をし、既定予算も活用 ● 企業を含め全員が広く負担する「支援金制度（仮称）」を構築。詳細は年末に結論を出す ● 28年度までに安定財源を確保。その間の財源不足は、つなぎ国債「こども特例公債」を発行

撤廃し、給付期間を高校生の年代まで延ばす。第3子以降は給付額を月3万円に倍増する。24年10月分から実施する構え。

また、就労要件を問わず時間単位で保育園を利用できる制度の創設や、両親で育休を取った際の給付金を、手取り並みに引き上げることなども盛り込んだ。

財源は、戦略方針で「財源確保を目的とした増税は行わない」と明記。医療や介護に使われる公費の節減などの歳出抑制を28年度まで続け、安定財源を確保する。この間の財源不足はつなぎ国債のこども特例公債を発行する。

政府は23年末までに歳出改革の工程表も示し、24年通常国会に必要な法案を提出する方針だ。将来にわたる安定財源を確保できるかが今後の焦点となる。

出生数、初の80万人割れ

　厚生労働省によると、2022年に生まれた日本人の子どもは前年比5.0%減の77万747人で、統計を始めた1899年以降で最少となり、初めて80万人を割り込んだ。

　減少は7年連続。1人の女性が生涯に産む見込みの子どもの数を示す合計特殊

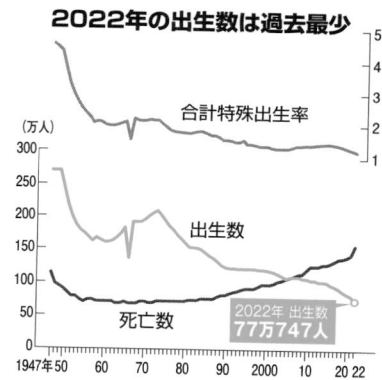

2022年の出生数は過去最少

合計特殊出生率

出生数

死亡数

2022年 出生数
77万747人

（万人）

1947年50　60　70　80　90　2000　10　20 22

出生率は、前回より0.05ポイント低下の1.26で、データのある1947年以降では2005年と並んで過去最低の水準。都道府県別で最も低いのは東京都の1.04、最も高いのは沖縄県の1.70だった。人口維持に必要な出生率の2.06には遠く及ばない。

こども家庭庁

　政府の子ども政策を束ねる司令塔の役割を担うこども家庭庁が2023年4月、発足した。妊娠期からの子育て支援、虐待や貧困といった困難に直面する子どもや若者への支援、さらに少子化対策にも取り組む。内閣府の外局になる。

　組織は、すべての子どもの育ちを支援する成育局、ヤングケアラー〔●135ページ〕など、困難を抱える子ども・若者を受けもつ支援局、全体の調整をする長官官房からなる。新しい中央省庁ができるのは21年のデジタル庁以来。

　縦割り行政は一部解消するものの、幼稚園や義務教育といった分野は引き続き文部科学省が担当することになり、幼保一元化は見送られた。

文化、くらし

男性の育休・産休

　原則、子が1歳になるまで夫婦のどちらも育児休業を取れる。しかし、女性の取得率約85％（2021年度）に対し、男性は約14％（同）にとどまる。

　21年6月、改正育児・介護休業法が成立し、男性の育休取得率向上へ向けた取り組みが進んでいる。22年4月、企業に対し、男性、女性にかかわらず、自身や配偶者の出産や妊娠を届け出た社員に育休を取る意思があるかを確認することが義務づけられた。22年10月には、生後8週間以内に父親が最長4週間の男性産休を取れる制度「産後パパ育休」（出生時育児休業）が始まった。23年度からは、従業員数1千人超の大企業に男性の育休取得率の公表が義務化された。

　政府は男性の育休取得率の目標を「25年までに30％」としていたが、少子化対策のため岸田文雄首相は23年3月、「25年度に50％、30年度に85％」に引き上げると表明した。

出産一時金の引き上げ

　出産育児一時金が2023年4月、原則50万円に増額された。
　出産は帝王切開などの異常分娩（ぶんべん）を除き、原則として医療保険が適用されず、費用は自己負担。妊産婦側の経済的な負担を軽減するため、出産時に42万円の一時金が支給されてきた。しかし、出産費用は年々上昇し続けており、都市部を中心に出産費用が一時金を大きく上回っていた。

　原資は主に保険料で、74歳までの人は平均年200〜800円程度負担が増える。また、「全世代で支え合う」として、これまで一時金の財源を負担してこなかった75歳以上の人も新たに負担する。また、出産費用に公的医療保険を適用するかどうかの検討も始まっている。

子どもの貧困率

相対的貧困率は、世帯の可処分所得（手取り）などをもとに子どもを含めた一人一人の所得を仮に計算し、順番に並べた時、真ん中の人の額の半分（貧困線）に満たない人の割合。子どもの相対的貧困率は、貧困線に届かない17歳以下の割合を示す。

子どもの貧困率の推移
厚生労働省国民生活基礎調査から。ひとり親世帯の貧困率は子どもがいる現役世帯のうち、大人が1人の世帯。2018年から新基準での算出

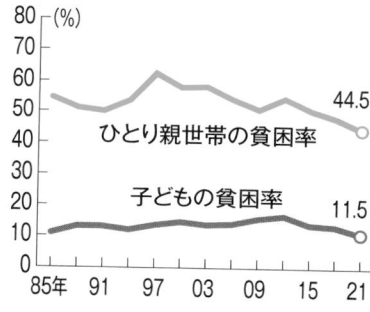

厚生労働省が2023年7月に公表した国民生活基礎調査によると、21年の子どもの相対的貧困率は11.5％となり、3年前に比べて2.5ポイント改善した。

同調査では相対的貧困率を3年ごとに公表する。子どもの貧困率は、基準改定で単純比較はできないが、旧基準だった15年以降、改善傾向にある。直近の経済協力開発機構（OECD）の平均12.8％よりも低くなった。各世代を含む全体の貧困率も15.4％で、前回18年より0.3ポイント低下した。厚労省は、コロナ禍に経済的支援策として配った特別給付金の効果のほか、働く女性の増加などによって所得が押し上げられたことが改善の要因とみている。

一方、ひとり親世帯の貧困率は44.5％で、前回48.3％から3.8ポイント改善したものの、依然として半数近くが貧困状態にある高水準となっている。OECD平均の31.9％を大幅に上回り、43カ国中で貧困率が最も高いブラジル（54.8％）や南アフリカ（49.8％）などに次いで8番目に高い。

食品ロス

　食品ロスは、まだ食べられるのに捨てられてしまう食べ物のこと。消費者庁などの推計によると、2021年度の国内の食品ロスは523万tで、統計開始以来最少だった前年度とほぼ同程度（1万t増）だった。国民1人あたりに換算すると、1日約114g、年間で約42kgの食べ物を捨てたことになる。

　食品産業が出す事業系ロス量は279万tで、前年度より4万t増えた。コロナ禍で市場の縮小が続いた一方、食品製造業、小売業は度重なる行動制限による需要の変化への予測とのブレが出た結果、ロスの増加につながったとみられる。各家庭が出す家庭系ロス量は244万tで、前年度より3万t減った。在宅時間が増えて食材を効率的に利用できるようになった可能性が考えられるという。

　食品ロスは世界的な課題で、持続可能な開発目標（SDGs、➡37ページ）には、世界全体の1人あたりの食料の廃棄を30年までに半減させることが盛り込まれた。政府は食品ロスを00年度の約980万tから30年度までに半減させる目標を掲げている。19年10月には食品ロス削減推進法が施行された。

関連用語　（　**食料自給率**　）

「国内で生産された食べ物の量」を「国内で消費された食べ物の量」で割った数字で、カロリーベースは私たちが生きていくのに欠かせない栄養価に注目し、カロリー（熱量）を基準に算出する。

　農林水産省によると、2022年度の食料自給率はカロリーベースでは38％だった。輸入に頼るナタネ油の消費が減った一方、国内でのサバなどの漁獲量が低迷したほか、大豆の輸入が増えたことで自給率を押し下げた。カロリーベースの自給率は、1965年度の73％から下がり続け、2010年度以降は30％台後半で推移している。また、生産額ベースは58％と前年度から5ポイント下がり、過去最低だった。輸入量は同程度だったが、円安で輸入額が増えた。

花粉症対策

「国民病」とも言われる花粉症の対策に政府が本腰を入れる。2023年5月、省庁横断で取り組む対策の全体像をまとめた。

花粉の発生源となるスギ人工林の伐採や植え替えを加速させる内容が柱。10年後にスギ人工林を2割減らし、30年後には花粉の発生を半分に減らす目標だ。伐採ペースを増やすほか、花粉の少ない品種への植え替えも進める。スーパーコンピューターや人工知能（AI）を用いた花粉の飛散予測の精度向上や、医療体制の整備も進める。

花粉症に悩む人は年々増えている。国内の専門医らの学会の調査では、19年時点で花粉症にかかっている人の割合は42.5％で、1998年の19.6％から22.9ポイント増加。厚生労働省の集計では、花粉症を含むアレルギー性鼻炎にかかる医療費は、保険診療で年間約3600億円。医療保険の財政を圧迫させる要因の一つになっている。

愛玩動物看護師

2023年4月に誕生した新たな国家資格。それまで獣医師にしかできなかった採血や投薬、カテーテルによる採尿、犬や猫を個体識別するためのマイクロチップの挿入などができるようになった。

医師や看護師、歯科医師、薬剤師など、人の医療には多くの国家資格があったが、これまで国が認めている動物医療の資格は獣医師だけだった。ペットブームや、動物医療の技術の進歩により犬や猫の寿命が延びるに伴って高度医療のニーズが高まったことから、国家資格が設けられた。受験資格は、愛玩動物看護師の養成課程がある大学などの卒業生や、予備試験に合格した現役の動物看護師らに与えられる。

文化、くらし

☑ チェックドリル

Question	Answer

Question

☐**1** 2023年2月に13歳11カ月で囲碁の女流棋聖戦を制し、タイトルを奪取した棋士は誰か。

☐**2** 2023年9月にベネチア国際映画祭で銀獅子賞に選ばれ、3大映画祭のすべてでの受賞を果たした映画監督は誰か。

☐**3** 2023年10月に将棋の王座のタイトルを獲得し、史上初の八冠独占を達成した棋士は誰か。

☐**4** 世界文化遺産登録をめざして政府が2023年1月にユネスコに推薦書を提出した遺跡を何というか。

☐**5** 過去最大となる2.37mの巨大な鉄剣が出土した古墳はどこか。

☐**6** 2023年3月に東京から京都に移転し、業務を開始した省庁はどこか。

☐**7** 2025年日本国際博覧会（万博）が開かれる都市はどこか。

☐**8** 2023年1月に、9歳9カ月で公式戦最年少となる初勝利を挙げた棋士は誰か。

Answer

1 仲邑菫 （なかむらすみれ）

2 濱口竜介

3 藤井聡太

4 佐渡金山遺跡

5 富雄丸山古墳

6 文化庁

7 大阪市

8 藤田怜央

Question	Answer
□**9** 2023年5月に、日本公開の洋画アニメ作品で史上最速で興行収入100億円を突破した作品は何か。	9 「ザ・スーパーマリオ ブ ラ ザ ー ズ ・ ム ービー」
□**10** 2023年7月に、「ハンチバック」で第169回芥川賞を受賞したのは誰か。	10 市川沙央
□**11** 岸田文雄首相が「異次元の少子化対策」としてまとめたこども未来戦略方針では、1年あたり何兆円規模の予算を投じるか。	11 3.5兆円
□**12** 2022年に生まれた日本人の子どもの数は約何万人か。	12 77万人
□**13** 政府の子ども政策を束ねる司令塔として、2023年4月に発足した省庁はどこか。	13 こども家庭庁
□**14** 2022年10月に始まった、生後8週間以内に父親が最長4週間の育児休業を取れる制度を何というか。	14 「産後パパ育休」(出生時育児休業)
□**15** 2023年4月から、出産育児一時金はいくらに引き上げられたか。	15 50万円
□**16** 2021年の子どもの相対的貧困率は何%だったか。	16 11.5%
□**17** まだ食べられる食べ物が捨てられてしまうことを何というか。	17 食品ロス

侍ジャパン、3度目の世界一

　2023年3月に開かれた野球の国・地域別対抗戦「第5回ワールド・ベースボール・クラシック」（WBC）の決勝で、日本代表「侍ジャパン」が前回優勝の米国代表を破り、06年の第1回、09年の第2回大会を連覇して以来となる3度目の優勝を果たした。

　日本はこれまで、機動力と小技を武器とした「スモールベースボール」で世界と戦ってきた。しかし、この大会で日本を率いた栗山英樹監督は、大リーガーの大谷翔平（エンゼルス）、吉田正尚（レッドソックス）、さらに米国育ちのラーズ・ヌートバー（カージナルス）を選出。日本で記録的な成績を残した村上宗隆（ヤクルト）や岡本和真（巨人）らで構成する打線は「過去最強」と呼ばれた。チーム最年長のダルビッシュ有（パドレス）は精神的支柱としてチームを支え、大谷

は投打両面でチームを牽引。13年の第3回大会を制したドミニカ共和国以来、2チーム目となる無敗での世界一を達成した。投打の「二刀流」で活躍した大谷が、大会最優秀選手（MVP）に選ばれた。

WBC優勝で喜ぶ侍ジャパンの選手たち

関連用語　**ヌートバー旋風**

　日系選手として初めて侍ジャパンに選ばれたラーズ・ヌートバーは、米国で生まれ育った。父はオランダ系米国人、母が日本国籍のため、日本代表として大会に出場する資格がある。2023年のワールド・ベースボール・クラシック（WBC）では全試合に先発出場し、3大会ぶりの優勝に貢献。安打で出塁したとき、こしょうをひく動作で仲間を鼓舞する「ペッパーミル・パフォーマンス」は、チームを一丸にするきっかけにもなった。

エスコンフィールド開業

　プロ野球、日本ハムの新球場「エスコンフィールド北海道」が2023年3月、北海道北広島市に開業した。総工費は約600億円。グラウンドを一望できるホテルや、多彩な商業施設を併設した最先端のボールパークが話題を集めている。

　04年の北海道移転以来、球団は地元での人気を不動のものにしたが、札幌ドームを間借りし続けることのマイナス面が浮き彫りになった。年約13億円の使用料を払う一方、球団グッズを直接販売できず、スタンドの広告収入、飲食の販売もドーム側に握られていた。グラウンドの人工芝は硬く、選手の故障リスクも問題になっていた。球団はたびたび運営や設備の改善を要求したが、札幌市に拒否された。16年に球団の新球場構想が明らかになると、すぐに北広島市が名乗りを上げ、18年に新球場建設で合意した。

　新球場のネーミングライツ（施設命名権）は、不動産総合開発事業を手がける中部電力グループ会社の日本エスコンが取得。年間5億円超で、10年以上の長期契約を結んだ。

ピッチクロック

　試合時間の短縮を狙いに、米大リーグが2023年シーズンから導入した新ルール。投手は捕手から返球を受けると、走者がいない場合は15秒、いる場合は20秒で投球動作に入らないと「ボール」となる。打者は、ピッチクロックが残り8秒になる前に構えなければ「ストライク」をとられる。

　導入の背景にはファン離れの危機感がある。米大リーグ機構は23年7月、新ルール導入によって1試合の平均時間が前年と比べて26分短くなったと発表。日本でも日本野球機構（NPB）が導入の可否を含めて検討している。

夏の甲子園、慶応が107年ぶり優勝

2023年8月に阪神甲子園球場で開催された第105回全国高校野球選手権記念大会決勝で、慶応（神奈川）が8－2で仙台育英（宮城）を破り、前身の慶応普通部が初出場で優勝した第2回（1916年）以来107年ぶり2度目の全国制覇を果たした。前年に東北勢として初優勝を遂げ

仙台育英を破り、喜ぶ慶応の選手たち

た仙台育英は、史上7校目の連覇を逃した。

大会は障害予防と暑さ対策のため、ベンチ入りの選手枠が18人から20人に拡大され、五回終了時には10分間のクーリングタイムが設けられた。また、新型コロナウイルス感染症が感染症法上の5類に移行〔●62ポ〕したため、前年まで作成されていた感染拡大予防ガイドラインが廃止され、声を出しての応援が復活し、ブラスバンドの人数制限も撤廃された。また、優勝した慶応のほか、花巻東（岩手）、土浦日大（茨城）と、選手の髪形が丸刈りではない3校がベスト8に残り、話題を集めた。

関連用語 **タイブレーク**

野球の試合で、同点のまま延長戦に突入した場合、事前に設定された回から得点が入りやすい状況で攻撃を始める制度。

投手の肩、ひじの負担軽減などを図るため、高校野球では2018年春からほぼすべての公式戦に導入され、21年からは選抜、全国選手権、地方大会の決勝にも適用された。22年までは延長十三回から実施されてきたが、23年から開始を十回に早めることになった。開始回を早めることで、より早期の決着が見込まれる。

札幌市の冬季五輪招致

冬季五輪・パラリンピックの招致をめざしていた札幌市が、厳しい状況に置かれている。

札幌市は2014年に招致を表明。当初、26年大会の招致をめざしていたが、北海道新幹線の札幌延伸を見据えて30年大会の招致に方針を変更した。しかし、20年東京五輪の汚職・談合事件で世論の逆風が強まり、メディアの調査では反対が賛成を上回った。国際オリンピック委員会（IOC）は開催地の選定に際して地元の支持を重視しており、市民の不信感が根強いことから、札幌市は23年10月に30年大会招致を断念し、34年大会以降の招致活動に切り替えた。

しかし、IOCが同月に開いた総会で、30年大会と34年大会の開催地を同時決定することを正式決定。札幌市にとって、34年大会の開催も極めて困難な状況となった。

バスケ男子、48年ぶり自力五輪出場

バスケットボール男子の日本代表（アカツキジャパン）は2023年9月、ワールドカップ（W杯）順位決定リーグ最終戦でアフリカのカボベルデを80-71で破り、アジア最上位が確定、24年のパリ五輪出場権を獲得した。21年東京五輪は開催国枠での出場だったため、自力での五輪出場は1976年モントリオール五輪以来、48年ぶりとなる。

東京五輪で日本の女子代表を率いたトム・ホーバスヘッドコーチは、平均身長の低さを3点シュートやスピードでカバーして銀メダルに導いた。21年9月から男子代表を率い、同じチームスタイルで臨んだW杯では、格上のフィンランドやベネズエラを相次いで逆転で破り、苦戦続きだった日本男子の歴史を塗り替えた。

日本、ラグビーW杯1次リーグ敗退

　2023年9〜10月に行われたラグビーの第10回ワールドカップ（W杯）フランス大会で、日本は1次リーグ2勝2敗でイングランド、アルゼンチンに次ぐD組3位となり、19年の日本大会に続く2大会連続の決勝トーナメント進出はならなかった。

　日本はこの大会、1次リーグ初戦でW杯初出場のチリに勝利。前回準優勝のイングランドに敗れたが、第3戦のサモア戦は勝利。勝てば8強入りだったが、アルゼンチンに敗れた。ただ、日本は同組3位となり、次回のW杯の出場が決まった。16年から日本を率いたジェイミー・ジョセフ・ヘッドコーチはこの大会限りで退任する。

なでしこ、W杯ベスト8

　2023年7〜8月に開催されたサッカー女子ワールドカップ（W杯）豪州・ニュージーランド大会準々決勝で、日本（なでしこジャパン）はスウェーデンに敗れた。2大会ぶり3度目の4強入りを逃し、11年大会以来の優勝はならなかった。

　日本は、女子では珍しかった3バックを導入し、無失点で1次リーグを通過。攻撃では強みとしてきたパス回しだけではなく、速攻を駆使して大会で優勝したスペインにも勝利し、新しい姿を世界に印象づけた。しかし、スウェーデン戦では圧力に屈し、最も警戒していたセットプレーをきっかけに失点。世界トップクラスの地力を思い知らされた。

　放映権料の高騰などを理由に、国際サッカー連盟（FIFA）と日本のテレビ局との間で交渉が難航。開幕直前まで国内での放送が決まらない事態が話題となった。

井上尚弥、４階級制覇

2023年７月にあったプロボクシング世界スーパーバンタム級タイトルマッチで、井上尚弥が世界ボクシング評議会（WBC）、世界ボクシング機構（WBO）王者のスティーブン・フルトン（米国）にTKO勝ちし、日本人２人目の４階級制覇を達成した。

その強さから「モンスター」と呼ばれる井上は22年12月、バンタム級で、全階級を通じて史上９人

WBC・WBO世界スーパーバンタム級のベルトを手にガッツポーズする井上尚弥

目、日本選手で、さらにはアジア人でも初となる世界主要４団体王座統一を果たすと、「バンタム級でやり残したことはない。戦いたい相手もいない」と23年１月に王座を返上し、スーパーバンタム級へ転向した。23年末には、バンタム級に続く４団体統一戦が計画されている。

スポーツ

国枝慎吾、引退と国民栄誉賞受賞

車いすテニス男子の国枝慎吾が2023年１月、引退を表明した。

国枝は９歳の時、背中の腫瘍（しゅよう）が原因で車いす生活になり、11歳で競技を始めた。シングルスの４大大会で計28回優勝。08年の北京、12年のロンドン、21年の東京大会の３度のパラリンピックで金メダルに輝き、４大大会のすべてとパラリンピックを制する「生涯ゴールデンスラム」を達成した。

政府は23年３月、国民栄誉賞を授与した。国民栄誉賞の受賞は、個人としては27人目、パラスポーツ選手では初。

裁判記録の廃棄

1997年に起きた神戸連続児童殺傷事件など、重大な裁判の記録が廃棄されていたことが2022年10月以降、発覚した。

最高裁は、民事・少年事件などの記録は、保存期間が過ぎれば廃棄するが、必要があれば特別保存すると定める。92年の通達で「全国的に社会の耳目を集めた」事件などを特別保存の対象として示した。20年以降は、各地の裁判所で「主要な日刊紙2紙以上に判決などの記事が掲載された事件」（2紙基準）など、特別保存の通達を具体化した「運用要領」が策定された。だがその後も、策定前の保管記録が2紙基準に当たるかの確認が十分にされず廃棄された例があった。

最高裁は23年5月、事件終局段階で2紙基準を確認し、該当すれば直ちに特別保存の手続きをとるなどの再発防止策を発表した。

拘禁刑の創設

刑罰から懲役と禁錮をなくし、拘禁刑をつくる改正刑法が2022年6月、成立した。公布から3年以内に施行される。

従来の刑罰には、生命を奪う死刑、自由を奪う懲役、禁錮、拘留のほか、財産を奪う罰金、科料、没収がある。自由を奪う刑のうち、懲役は木工や印刷などの刑務作業が義務づけられるが、禁錮は義務づけられない。拘留は作業の強制もない。

20年の受刑者のうち99.65％は懲役で、禁錮が0.32％。禁錮刑の大半は希望して作業に従事しており、両者を区別する意味は薄れていた。

法改正の背景には、刑法犯が減少する一方で、再犯者の割合が近年は約5割と高止まりしている現状がある。再犯防止教育や矯正指導などを充実させ、再犯者を減らす狙いがある。

不当寄付勧誘防止法

世界平和統一家庭連合（旧統一教会）の問題を受けて、高額な寄付による財産被害を防ぐため、悪質な寄付の勧誘を規制する不当寄付勧誘防止法（被害者救済新法）が、2022年12月に成立した。23年1月から段階的に施行され、6月に全面施行された。

宗教法人に限らず、あらゆる法人・団体が対象。霊感商法のように不安をあおって寄付をさせようとするなど七つの行為を禁止した。また、「個人の自由な意思を抑圧し、適切な判断が困難な

不当寄付勧誘防止法の主なポイント

禁止される七つの行為

これらの行為により困惑させて行った寄付は取り消し可

① 家などにとどまって勧誘を続ける（不退去）

いやいや、寄付を、お願いします
帰ってください

② その場から帰らせないで勧誘を続ける（退去妨害）

いやいや、寄付を、お願いします
帰ります

③ 「霊感」などを用いて告知

悪霊を取り除くには、寄付をするしかありません
病状回復

④ 恋愛感情に乗じて関係破綻を告知

寄付してくれないと関係を続けられない
別れたくないな

⑤ 退去困難な場所へ同行

⑥ 威迫による相談妨害

⑦ 借金や財産の売却によって資金を調達するよう要求する

6月1日から施行

状態にさせない」など、三つの配慮義務を課した。義務に反するような勧誘が行われた場合、消費者庁が勧告でき、従わない場合には法人・団体名を公表できる。違反が確認された場合、国は禁止行為の停止を勧告・命令できる。命令違反には1年以下の懲役や100万円以下の罰金を科す。

消費者庁によると、4月以降の3カ月間で同法違反が疑われる情報提供が計56件あった。受け付けた情報件数は計453件だった。

改正入管難民法

改正入管難民法が、2023年6月に成立した。公布から1年以内に施行される。

政府は、難民と認められず、日本から退去すべきだと確定した後も送還を拒む外国人が増え、申請を重ねることで退去を免れようとするケースもあると問題視していた。

改正法は、難民申請中は送還が一律に停止される規定を見直し、3回目以降の申請者は「相当の理由」が示されなければ送還できるようにし、送還を拒む外国人の長期収容を解消する。送還を妨げる行為などを対象に罰則付きの退去命令制度を創設し、自発的に帰国すれば再入国できない期間を5年から1年に短縮し、速やかな帰国を促す。送還までは原則、収容としてきた規定を改め、支援者ら監理人の監督下で生活できる監理措置を設け、収容せずに退去手続きを進めるといった内容も盛り込まれた。紛争から逃れた人らを難民に準じて保護する補完的保護対象者制度も創設する。

立憲民主党などは「保護されるべき人を送還し、命が失われることになりかねない」と反対していたが、与党や日本維新の会などの賛成多数で成立した。政府は21年の通常国会で、旧改正案を国会に提出したが、入管施設でスリランカ人女性が死亡し、世論が反発。廃案となっていた。

			強制退去処分を受けた人の状況
強制退去処分	送還に応じる人 年間約**1万人**（2018～20年の平均）		仮放免された人 **2546**人
	送還を拒む人 計**3224人**（21年末時点）うち難民申請中 1629人（現在は一律に送還停止）		仮放免され、逃亡した人 **599**人
			収容された人 **79**人

改正入管難民法のポイント

	送還について		収容について
改正法	難民申請中でも、3回目以降の申請者らの送還を可能に	罰則付きの退去命令制度の創設	収容の代わりに、親族や支援者ら「監理人」の下で生活できる「監理措置」を創設
	保護されるべき人が送還されるおそれ	日本で生まれた子どもが保護されるか不透明	監理人の負担が重く、なり手がいるか疑問

130

LGBT 理解増進法

　性的少数者への理解を広げるためのLGBT理解増進法が2023年６月に成立、施行された。「性的指向やジェンダーアイデンティティーを理由とする不当な差別はあってはならない」とし、性的少数者への理解の増進や啓発、環境の整備などを、国や自治体、企業や学校などに対して努力義務として定めた。また、内閣府に担当部署を設置し、基本計画の策定や啓発活動などに取り組む。理念法のため、罰則規定はない。

　法案は与党案、立憲民主・共産などの案、維新・国民民主案の３案が提出された。「性自認」の表現が最大の論点となった。自民は維新と修正を協議し、性自認と性同一性のいずれにも訳せる言葉で、折衷的な位置付けとなる維新・国民民主案の「ジェンダーアイデンティティー」を取り込んだ。

同性婚訴訟、５地裁判決出そろう

　同性婚を認めていない民法や戸籍法の規定は憲法違反だとして、同性カップルが2019年に全国５地裁に起こした訴訟の一審判決が、23年６月に出そろった。賠償請求はいずれも棄却だが、違憲が２件（札幌、名古屋）、違憲状態が２件（東京、福岡）で、合憲は１件（大阪）と司法の判断は分かれた。ただ、いずれの判決も結婚できないことで当事者が受けている影響の重大さを認め、国会の対応を促していた。

　憲法24条１項の「婚姻は両性の合意のみに基づく」については、５地裁とも憲法制定過程を見れば「両性」は「男女」を指し、同性婚は想定していないと認定する一方、「同性婚を禁止している」とは解釈しなかった。

　いずれも原告側が控訴しており、今後は高裁や最高裁の憲法判断が焦点となる。

東電旧経営陣、二審でも無罪判決

　東京電力福島第一原発事故をめぐり、業務上過失致死傷罪で強制起訴された東電の元会長ら3被告に対する控訴審で、東京高裁は2023年1月、3人を無罪とした一審・東京地裁判決を支持し、検察官役の指定弁護士の控訴を棄却した。

　同罪の成立には、①巨大津波の発生を予見できた②対策をとれば原発事故は防げたという2点を立証する必要がある。①の判断材料として、02年に国が公表した地震予測「長期評価」や、長期評価に基づいて東電子会社が08年に算出した「最大15.7m」の津波予測の信頼性が焦点となる。

　19年の一審判決では、事故を回避するには「原発の運転を停止するしかなかった」と判断。そのうえで長期評価の信頼性を否定し、「影響が大きな運転停止を義務づけるほどの予見可能性はなかった」と結論づけたが、高裁は「不合理な点はない」と支持し、長期評価についても、「（原発の敷地の高さの）10mを超える津波襲来を現実的な可能性として認識させるような情報ではなかった」と信頼性を否定した。

　検察官役の指定弁護士は同月、最高裁に上告した。

袴田さん再審へ

　1966年に静岡県のみそ製造会社の専務一家4人が殺害された事件で、東京高検は2023年3月、強盗殺人罪などで死刑が確定した袴田巌さん（釈放）の再審開始を認めた東京高裁決定について、最高裁への特別抗告を断念したと発表した。

　再審開始が確定したが、静岡地検は同7月、有罪立証する方針を決めた。弁護側は年齢などを踏まえ、早期の無罪判決を求めていたが、再審公判は長引くことになる。

諫早湾、非開門で決着

　長崎県の国営諫早湾干拓事業は、農地の確保と洪水被害の防止を目的に、潮受け堤防で湾を閉め切り、干拓地と淡水の調整池を設けた。総事業費は2533億円で、1989年に着工し、97年に堤防排水門が閉め切られ、2008年に営農が始まった。

　漁業者は閉め切りで漁業が不振になったとして開門調査を要求。干拓地の営農者は、開門すると農地に塩害が出るなどとして開門に反対し、開門をめぐってそれぞれ国との訴訟になった。一連の訴訟では10年12月、漁業者の請求を認めて開門を命じる判決が確定する一方、開門に反対する営農者らが起こした別の訴訟では、開門を禁じる判決や決定が出た。

　司法の判断がねじれたため、国は開門を命じた確定判決の効力を失わせる「無力化」を求める訴訟を提起した。最高裁は23年3月の決定で、漁業者側の上告を棄却し、開門を命じた確定判決の「無力化」を認めた二審・福岡高裁判決が確定した。開門の是非をめぐっては複数の裁判が起こされ、「開門」と「開門せず」の相反する確定判決が併存していたが、司法判断は「開門せず」に統一され、事実上決着した。

闇バイト

　高収入を得られる代わりに、特殊詐欺の受け子や出し子、強盗の実行犯などの犯罪行為を行うアルバイト。SNSやインターネットの掲示板などで募集されている。

　闇バイトにからむ強盗事件や特殊詐欺事件が相次いでいることから政府は2023年3月、緊急対策をまとめた。人工知能（AI）を活用してSNSなどにある闇バイトの情報を排除する取り組みや、犯行に使われる名簿などの流出を防ぐ対策を強化する。

改正空家特措法

　管理状態が悪い空き家を減らすための改正空家等対策特別措置法（空き家法）が、2023年6月に成立した。

　15年の同法施行時は、倒壊などの危険があり周囲に悪影響を及ぼす「特定空き家」の対策に軸足が置かれていたが、その前段階での手立てを強化する。住宅用地の固定資産税は、面積に応じて6分の1〜3分の1に軽減されるが、特定空き家の所有者が市区町村からの適切な管理や修繕の要求に応じなかった場合は減税の対象から除外されている。改正法は、放置すれば特定空き家になる恐れのある「管理不全の空き家」も、固定資産税の優遇対象から除外する。

　空き家の増加は全国的に問題となっている。総務省の調査によると、空き家は約850万戸（18年）で、30年前に比べて2倍以上に増えている。

増える相続人なき遺産

　最高裁によると、相続人不存在による相続財産の収入は、2021年度は前年度比7.8％増の647億459万円で、過去最高となった。01年度は約107億円、11年度は約332億円で、この20年で6倍に増えた。要因として、単身高齢者の増加や未婚率の上昇が挙げられる。不動産価格の上昇で土地などの処分額が膨らみ、遺産額が押し上げられている。

　相続人も遺言もない遺産は、利害関係者の申し立てにより、家庭裁判所に選任された相続財産管理人が整理する。未払いの税金や公共料金などを清算し、相続人が本当にいないかを確認。一緒に暮らしたり身の回りの世話をしたりした「特別縁故者」がいれば家裁の判断などにもとづいて財産を分与し、残りは国庫に入る。

「ごみ屋敷」、初の件数調査

近隣に迷惑がかかるほど自宅などにごみをため込むいわゆる「ごみ屋敷」が、全国でこれまでに5224件確認されていたことが環境省の報告書でわかった。ごみ屋敷の件数まで調べたのは今回が初めて。

同省はごみ屋敷の現状について2022年9月、全1741市区町村にアンケート。過去5年間にごみ屋敷を「認知している」と答えたのは47都道府県661市区町村にのぼった。認知方法は、市民からの通報が9割近くを占めた。家主や親族への指導、ごみの撤去などを行った結果、約半数がごみ屋敷状態から改善し、22年9月時点では2636件まで減ったという。

ごみ屋敷に関する条例などを作って対応しているのは101市区町村で、55市区町村が制定予定または検討中だった。制定済みの市区町村のうち、26市区町村が罰金など罰則を設けていた。

ヤングケアラー

大人の代わりに家事や介護といった家族の世話を担う子ども。2021年4月に発表された、厚生労働省が公立の中学2年生と全日制高校2年生を対象に初めて実施した全国調査で、中高生でおよそ20人に1人いることが明らかになった。中学2年で約5万5千人（5.7％）、高校2年で約4万2千人（4.1％）がヤングケアラーという計算になる。

また、22年4月には、小学6年生と大学3年生を対象に実施した調査で、小学6年生の15人に1人（6.5％）、大学3年生では16人に1人（6.2％）いることがわかった。小学生では長時間のケアが学校生活に影響し、大学生は就職とケアの両立に悩むなど、課題の変化も浮かび上がった。

インバウンド回復

2023年上半期（1〜6月）の訪日外国人客（インバウンド）は、1071万人となった（日本政府観光局調べ）。新型コロナの感染拡大前の19年同期比で64.4％まで戻った。

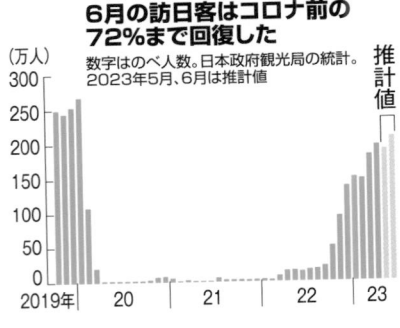

6月の訪日客はコロナ前の72％まで回復した

数字はのべ人数。日本政府観光局の統計。2023年5月、6月は推計値

推計値

訪日客は、ビザ緩和や格安航空会社（LCC）の路線拡大などにより、19年には過去最多の3188万人にのぼった。しかし、20年のコロナの感染拡大で一転、世界中で人の行き来を制限する動きが強まると、21年には過去最低の24万人まで落ち込んだ。しかし、22年10月に水際対策が緩和されてから回復が続いている。ただ、人気観光地などではオーバーツーリズムの問題が浮上。地域の生活にも影響が出ている。

政府は年間の訪日客数について、25年までに19年を超える3200万人にする目標を示している。

オーバーツーリズム

観光地に多くの人が訪れすぎて、地元住民の生活に悪影響をおよぼすこと。観光公害とも呼ばれている。

もともと、山や海でのゴミのポイ捨てや、自然破壊が問題になっていたが、最近は路線バスや電車といった公共交通機関が混雑したり、観光バスによる渋滞も起きたりしている。外国人観光客の場合、勝手に私有地に入っての写真撮影や騒音など、文化の違いからマナー違反になっている面もある。

児童・生徒の自殺、最多に

　厚生労働省によると、2022年の児童・生徒（小中高校生）の自殺者数は514人で、統計のある1980年以来、過去最多になった。コロナ禍以降、顕著な増加が見られ、この3年間で3割増えた。内訳は高校生が354人、中学生が143人、小学生が17人。男子高校生が全体の4割を占めた。

　児童・生徒の自殺の原因や動機（遺族らに調査、1人四つまで）は、「学校問題」が最多。具体的な内容を見ると、「学業不振」「進路に関する悩み」のほか「学友との不和」が目立った。「家族関係」に苦しんだ子も多く、小学生を含めて「家族からのしつけ・叱責」があがった。

ひきこもり全国推計「146万人」

　15〜64歳でひきこもり状態にある人は、全国で推計146万人いることがわかった。内閣府が2023年3月に、調査結果を公表した。全世代の推計が明らかになるのは初めて。

　調査は22年11月、全国で無作為に抽出した15〜69歳の計約1万1300人が回答した。男性が約6割を占め、女性は約4割。ひきこもり状態になった理由（複数回答）は、若者（15〜39歳）と中高年（40〜69歳）のいずれの年齢層も、「退職」が最多。若者では「人間関係」や「中学校時代の不登校」が多かった。中高年では「病気」も目立った。約2割の人がコロナの流行を理由にあげた。一方、長期化の状況も見られ、「5年以上」は若者で29％、中高年で34％を占めた。

　調査では「広義のひきこもり」として、仕事をしている人や病気が原因の人などは除き、半年以上ほとんど自室や家から出ない人としている。コンビニや趣味の用事のときだけ外出する人も加えた。

ステマ広告規制強化

　ステルスマーケティング（ステマ）は、実際は事業者の広告であるのに、第三者に依頼するなどして感想や意見のように見せかけ、広告であることを隠すことを指す。消費者は広告だと認識すればある程度の誇張が含まれていると考え商品選択をするが、ステマはこうした判断をゆがめる恐れがあるとして問題視されてきたことから、消費者庁は2023年10月、ステマに対し、景品表示法に基づく規制を始めた。

　消費者庁は、おとり広告など個別に告示として指定する不当表示の類型にステマを追加。「一般消費者が事業者の表示であることを判別することが困難である表示」と定義した。また、ステマとして規制される運用基準について、①「広告」であることが明確かどうか②事業者が第三者の表示内容に関与しているかどうか、をもとに、個別に判断する。

　欧米に比べて遅れていると言われてきた日本でも、ステマの規制が始まった。しかし、SNSで大きな影響力を持つインフルエンサーなどの第三者に事業者が無償で商品を提供し、自由に感想を書いてもらうような場合は規制の対象外で、提供元なども特に明示しなくてもよいという線引きになっており、消費者の誤認を防ぐという規制の趣旨からは課題も残った。

ステマかどうかの判断基準は…

1　「広告」であることが明確か
2　事業者が第三者の表示内容に関与しているか

×規制の対象

不記載・不明瞭

社会通念上、PRであることが明らか

○規制の対象外

例えば、対価を提供する関係
事業者　おすすめ！

自主的な意思で表示
おいしい！

NHKのネット配信、「必須業務」化を提言

　NHKのインターネット業務のあり方について議論する総務省の有識者会議は2023年8月、「必須業務」に格上げする提言をまとめた。

　現在、受信契約者を対象に任意で提供している地上波放送番組のネットでの同時・見逃し配信を、放送と同様、必ずNHKが行うべき「必須業務」に格上げし、テレビを持たない人にも費用負担を条件に、スマートフォンなどからネット視聴できるようにするという内容。費用負担の対象は専用アプリのダウンロードや利用規約への同意など、視聴に向けた積極的な行為があることを条件にした。必須化するには、放送法改正が必要となる。

　1950年の同法施行以来、必須業務を放送に限ってきたNHKがその役割を大きく変えることになる。一方、必須化は民間メディアには脅威に映る。日本新聞協会は必須化に反対の立場。日本民間放送連盟も必須化に警戒感を示している。

広告費、過去最高を更新

　広告大手の電通によると、2022年の国内の広告費は前年比4.4％増の7兆1021億円となり、データを取り始めた1947年以降で過去最高を更新した。新型コロナウイルス感染拡大に伴う行動制限の緩和で、外食や交通・レジャー関連の需要が回復。北京冬季五輪・パラリンピックも寄与した。

　インターネット広告費は同14.3％増の3兆912億円。初めて3兆円を超え、全体の43.5％を占めた。テレビ、新聞、雑誌、ラジオのマスコミ4媒体のネット以外の広告費は同2.3％減の2兆3985億円だった。ラジオが前年比増だったものの、ほかの3媒体は前年を下回った。

書店空白地帯、広がる

　書店が一つもない市区町村が、2022年9月時点で、全国で26.2%にのぼることが、書店や取次、出版業者らでつくる出版文化産業振興財団（JPIC）の調査で明らかになった。

　調査によると、書店がないのは全国1741市区町村のうち、456市町村。都道府県別では、沖縄（56.1%）が最も高く、長野（51.9%）、奈良（51.3%）と続いた。一方、広島、香川の両県は全市町に書店があった。業界団体・日本出版インフラセンターの調査によると、全国の書店は1万1952店（21年度）で、10年前から約3割減っている。

　書店経営が厳しい背景には、人口減少や雑誌の売り上げの急減、ネット書店で本を買う人の増加など様々な要因がある。衰退を食い止めようと、自民党の議員連盟は23年4月、ネット書店の送料無料の規制や、公立図書館で同じ本を過剰に仕入れないようにするルールづくりなどの提言をまとめた。

電子出版、シェア3割に

　出版科学研究所によると、2022年の出版市場規模（紙と電子の合計）は前年比2.6%減の1兆6305億円だった。4年ぶりに前年を下回ったが、コロナ禍前の19年比では5.6%増とプラスを維持した。電子出版市場は前年比7.5%増の5013億円となり、出版市場全体におけるシェアは3割を超えた。電子市場の内訳は、コミック89.3%、書籍8.9%、雑誌1.8%。電子コミックは前年比8.9%増だったものの、電子書籍は紙の売れ行きに比例して低調で、0.7%減と初めて前年を下回った。電子出版市場は近年、毎年約2割ずつ成長していたが、22年は伸び幅が一気に縮小した。書籍と雑誌を合わせた紙の推定販売金額は、前年比6.5%減の1兆1292億円。

公取、ヤフーニュースに「優越的地位の可能性」

公正取引委員会は2023年9月、ヤフーに対し、記事の使用料が著しく安い場合は「独占禁止法上問題となる」と警告した。

ヤフーなどのニュースプラットフォーム（PF）事業者はメディア事業者から記事などを仕入れ、閲覧回数に応じた広告収入を広告主から得る。メディア各社には記事の使用料を支払っているが、個別契約のため適正価格の水準や決定根拠がわからず、公平な交渉ができないと不満があった。

メディア220社とPF事業者7社を調べた公取委は、ヤフーニュースがメディアの約6割にとって最大の取引先となっていることから、ヤフーを名指しして「優越的地位にある可能性がある」と指摘。著しく低い使用料の設定などは優越的地位の乱用として問題になるとの見方を示した。

AMラジオのFM転換

全国の民間AMラジオ47局のうち、北海道と秋田県の局を除く44局は、2028年秋までにFMラジオ局への転換をめざしている。

AM波はビル壁などに弱く、都市部での難聴が問題化したことや、送信所の水害などへの備えも不十分だとの指摘から、より簡易な設備で放送できるFM波との併用であるFM補完放送（ワイドFM）が14年から始まった。だが、AM局の営業収入が減少する中、AMとFMの二重負担や、FMより高い設備更新費などが負担だった。

総務省は制度を改めてAM局のFM放送への一本化を可能にし、早ければ24年2月にもAM停波の実証実験を始める方針。FM波が届かない山間地域への対応が課題となる。

スポーツ、社会、マスコミ・広告

☑ チェックドリル

Question	Answer

□1 2023年3月に開かれた野球の「第5回ワールド・ベースボール・クラシック」（WBC）で、大会最優秀選手（MVP）に選ばれたのは誰か。

1 大谷翔平

□2 第5回WBCで、日系選手として初めて日本代表「侍ジャパン」に選ばれたのは誰か。

2 ラーズ・ヌートバー

□3 2023年6月の全仏オープン車いす部門の男子シングルスで、史上最年少で4大大会初優勝を果たしたのは誰か。

3 小田凱人（ときと）

□4 2023年バスケットボールのワールドカップ（W杯）に、日本代表で唯一のNBA選手として参加したのは誰か。

4 渡辺雄太

□5 試合時間の短縮を目的に、米大リーグが2023年シーズンから導入した、投手が投球動作に入るまでの時間を定めたルールを何というか。

5 ピッチクロック

□6 2023年8月に開催された第105回全国高校野球選手権記念大会で、107年ぶり2度目の優勝を果たした学校はどこか。

6 慶応

□7 2023年3月に開業したプロ野球・日本ハムの新球場は何というか。

7 エスコンフィールド北海道

Question	Answer

8 7がある市町村はどこか。

8 北海道北広島市

9 2023年7月に、日本人2人目となるボクシング世界4階級制覇を達成したのは誰か。

9 井上尚弥

10 2023年3月に、パラスポーツ選手で初となる国民栄誉賞を授与されたのは誰か。

10 国枝慎吾

11 2022年6月に成立した改正刑法で、懲役刑と禁錮刑を一本化して新たにつくられた刑罰は何か。

11 拘禁刑

12 世界平和統一家庭連合（旧統一教会）の問題を受けて、高額な寄付による財産被害を防ぐため、2023年6月に全面施行された法律を何というか。

12 不当寄付勧誘防止法

13 性的少数者への理解を広げるために、2023年6月に成立・施行された法律を何というか。

13 LGBT理解増進法

14 国営の干拓事業をめぐる訴訟で、湾を閉め切った堤防の排水門について、2023年3月に最高裁が「開門しない」判決を出したのはどこか。

14 諫早湾

15 大人の代わりに家事や介護といった家族の世話を担う子どもを何というか。

15 ヤングケアラー

143

Question	Answer
□**16** 管理状態が悪い空き家を固定資産税の優遇対象から除外することなどを定めた改正法が2023年6月に成立した法律を何というか。	16 空家等対策特別措置法
□**17** 日本政府観光局の調べによると、2023年上半期（1～6月）に日本を訪れた外国人客は何万人か。	17 1071万人
□**18** 観光地を訪れる人が多すぎて、地元住民の生活に悪影響をおよぼすことを何というか。	18 オーバーツーリズム（観光公害）
□**19** 内閣府が2023年3月に公表した調査結果によると、15～64歳でひきこもり状態にある人は、全国で推計何万人いるか。	19 146万人
□**20** 商品やサービスの広告であるにもかかわらず広告であることを隠し、消費者に気づかれないよう宣伝することを何というか。	20 ステルスマーケティング（ステマ）
□**21** 出版科学研究所の調べによると、2022年の出版市場全体における電子出版のシェアは何割か。	21 3割
□**22** 2023年9月に公正取引委員会から記事の使用料が著しく安い場合は「独占禁止法上問題となる」と名指しで警告されたニュースプラットフォーム事業者はどこか。	22 ヤフー

必須の一般常識

就職試験で一般常識として出題されそうな問題を
「社会」「国語」「英語」「数学・理科」「文化・スポーツ」に
分けて構成しています。

まず、それぞれのジャンルごとに覚えておきたいキーワ
ードや公式等をまとめています。
続いて、必要な知識がスピーディーに確認できるよう
一問一答形式の設問を出題しています。

社会

政治

キーワード

●**国民の三大義務**：教育、勤労、納税　●**基本的人権**：平等権、自由権、参政権、社会権　●**三権分立**：立法権、行政権、司法権　●**国会**：国権の最高機関／法案・予算・決算の審議・議決、内閣総理大臣の指名、国政調査権、弾劾裁判所／通常国会、特別国会、臨時国会、緊急集会（参議院）／両院協議会／衆議院に予算先議権、内閣不信任の決議　●**内閣**：行政の最高機関／内閣総理大臣と国務大臣はすべて文民／内閣総理大臣は国会議員の中から選出、国務大臣は内閣総理大臣が任命（その過半数は国会議員）／議案提出権、衆議院の解散権、最高裁長官の指名、天皇の国事行為への助言と承認　●**裁判所**：最高裁判所、高等裁判所、地方裁判所、簡易裁判所、家庭裁判所／刑事裁判、民事裁判、行政裁判／三審制／違憲立法審査権　●**地方自治**：住民自治、団体自治／普通地方公共団体、特別地方公共団体

☑ チェックドリル

Question

□**1** 立法、行政、司法の三権をたがいに牽制させ、国民の政治的自由を保障する仕組みを何というか。

□**2** 立法府を二つの議会で構成する制度を何というか。

□**3** 日本国憲法の三大原則は、国民主権、平和主義とあと一つは何か。

□**4** 日本国憲法第1章第1条で、天皇は「日本国民統合の」何と位置づけられているか。

Answer

1　三権分立制

2　二院制（両院制）

3　基本的人権の尊重

4　象徴

Question	Answer
□**5** 衆議院議員の任期は何年か。	5 4年
□**6** 参議院議員の任期は何年か。	6 6年
□**7** 参議院議員の半数を改選する選挙は何年ごとに行われるか。	7 3年
□**8** 現在、参議院で合区が導入されているのは「鳥取・島根」ともう一つはどこか。	8 徳島・高知
□**9** 国会議員や地方議員及び首長の選挙制度について定めた法律を何というか。	9 公職選挙法
□**10** 現行の選挙区制のうち、1選挙区から当選者が1人しか出ない制度を何というか。	10 小選挙区制
□**11** 各政党の得票率に比例して議席配分を行う選挙制度を何というか。	11 比例代表制
□**12** 政党や政治団体に政治資金の収支報告を義務づけている法律は何か。	12 政治資金規正法
□**13** 地方公共団体が自治立法権に基づき、議会の議決を経て定める自治法を何というか。	13 条例
□**14** 国政に関する調査の関連で、証人を国会に呼んで尋問することを何というか。	14 証人喚問
□**15** **14**の手続きや、証人の証言方法について定めた法律を何というか。	15 議院証言法

社会

☑ チェックドリル

Question	Answer
□**16** 予算の先議権があるのは衆議院と参議院のどちらか。	16 衆議院
□**17** 参議院の総定数はいくつか。	17 248
□**18** 国会の種類は三つある。通常国会（常会）とあと二つは何か。	18 臨時国会（臨時会）、特別国会（特別会）
□**19** 毎年1回、1月に召集される国会を何というか。	19 通常国会（常会）
□**20** **19**の会期は何日間か。	20 150日間
□**21** 衆議院が解散し、総選挙が行われた後に召集される国会を何というか。	21 特別国会（特別会）
□**22** 衆議院議員の任期満了による総選挙後に召集される国会を何というか。	22 臨時国会（臨時会）
□**23** 罷免の訴追を受けた裁判官を裁判する国会の機関を何というか。	23 弾劾裁判所
□**24** 国会で多数を占める政党が内閣を組織する仕組みを何というか。	24 議院内閣制
□**25** 国務大臣のうち、国会議員でなければならない大臣の割合はどのくらいか。	25 過半数
□**26** 国務大臣の任命や罷免の権利があるのは誰か。	26 内閣総理大臣

Question

□27 日本国憲法で、内閣は行政権の行使についてどの機関に対して連帯責任を負うとされているか。

□28 内閣において、総理大臣以外の国務大臣も文民でなければならないことを何というか。

□29 自国が攻撃されていない場合でも、密接な関係にある他国が攻撃を受けた時に自国への攻撃とみなして実力で阻止する権利を何というか。

□30 衆議院で内閣不信任案が可決された場合、内閣が10日以内に行わなければならないことは何か。

□31 安倍内閣が2014年4月に閣議決定した、武器輸出三原則に代わる新たな武器輸出に関する原則は何か。

□32 地方公共団体の住民が特定の事項について、投票で直接、意思表示をすることを何というか。

□33 日本の裁判の種類は3種類ある。刑事裁判とあと二つは何か。

□34 憲法に定める三大義務とは、子どもに教育を受けさせる義務とあと二つは何か。

Answer

27 国会

28 文民統制（シビリアンコントロール）

29 集団的自衛権

30 衆議院の解散か内閣総辞職

31 防衛装備移転三原則

32 住民投票

33 民事裁判、行政裁判

34 勤労の義務、納税の義務

社会

経済

キーワード

●**経済主体**：企業、家計、政府　●**国民所得の三面等価の原則**：生産国民所得＝分配国民所得＝支出国民所得／国民総生産（GNP）、国内総生産（GDP）、国民純生産（NNP）／経済成長率（GDPの伸び率）／インフレ／デフレ　●**景気循環**：コンドラチェフの波、ジュグラーの波、キチンの波／均衡価格（需要曲線と供給曲線の交点における価格）／価格の自動調節作用（機能）／寡占市場／管理価格／プライスリーダー　●**金融**：直接金融、間接金融　●**通貨制度**：金本位制、管理通貨制度　●**貨幣の機能**：交換（流通）手段、価値尺度、価値貯蔵手段　●**中央銀行**：発券銀行、銀行の銀行、政府の銀行、金融政策の実施　●**金融政策**：公定歩合（金利）政策、公開市場操作、支払（預金）準備率操作　●**財政**：歳入、歳出／直接税、間接税

☑ チェックドリル

Question	Answer
□**1** 経済成長率とは、一定期間における何の伸び率をいうのか。	1 国内総生産（GDP）
□**2** 1に海外からの純所得を加えたものを何というか。	2 国民総生産（GNP）
□**3** 一国の一定期間に生産された付加価値の合計を何というか。	3 国民所得
□**4** 3は三つの面からとらえられる。生産国民所得、分配国民所得と、あと一つは何か。	4 支出国民所得

□5 三つの面からとらえた国民所得はすべて等しい。これを何の原則というか。

5 三面等価の原則

□6 物価が持続的に上昇する状態を何というか。

6 インフレーション（インフレ）

□7 先物取引やスワップ取引、オプション取引などの金融派生商品のことを何というか。

7 デリバティブ

□8 取引所で企業の株式を公開したり、特定の商品を売買できるようにしたりすることを何というか。

8 上場

□9 1年未満の期間で資金が貸し借りされる金融市場のことを何というか。

9 短期金融市場

□10 貸し手の資金が銀行などの金融機関を経て借り手に融通される金融方法を何というか。

10 間接金融

□11 中央銀行および市中金融機関から供給される一国の通貨供給量を何というか。

11 マネーストック

□12 **11**の中に含まれる CD とは何か。

12 譲渡性預金

□13 **11**が過剰になると、デフレとインフレ、どちらになる危険性が高いか。

13 インフレ

□14 景気が停滞した状態で物価だけが上昇する現象を何というか。

14 スタグフレーション

社会

✓ チェックドリル

Question	Answer
□**15** 中央銀行が公開市場操作として市場で公社債や手形などを買うことを何というか。	15 買いオペレーション
□**16** 日本銀行の最高意思決定機関は何か。	16 政策委員会
□**17** 特定企業や業界が自由な競争を阻害する行為をしないように監視する組織を何というか。	17 公正取引委員会
□**18** 紙幣は日本銀行が発行しているが、貨幣はどこ（の官庁）で発行しているか。	18 財務省
□**19** 銀行の三つの大きな機能は、金融仲介機能、信用創造機能とあと一つは何か。	19 決済機能
□**20** 日本の官庁で、民間金融機関の検査、金融制度の企画などを行う省庁はどこか。	20 金融庁
□**21** 日経平均株価と並び日本の2大株価指数であるTOPIXの正式名称は何というか。	21 東証株価指数
□**22** 企業のCEOとは、日本語で何というか。	22 最高経営責任者
□**23** 企業やその事業部門を買収し、合併することを、英語の略称で一般に何というか。	23 M&A
□**24** 三つの経済主体とは、家計（消費者）、企業とあと一つは何か。	24 政府
□**25** 需要曲線と供給曲線の交点における価格を何というか。	25 均衡価格

Question	Answer
□**26** 一般的な意味での需要ではなく、購買力の裏づけがある需要を何というか。	26 有効需要
□**27** 特定の国や地域の間での貿易や人の移動、経済協力などに関する取り決めで、自由貿易協定(FTA)よりも幅広い分野で共通ルールを定める協定を何というか。	27 経済連携協定 （EPA）
□**28** 国の収入を何というか。	28 歳入
□**29** 国が資金を調達する目的で発行する債券を何というか。	29 国債
□**30** 企業が経営や事業活動を行う際、法令や社会規範・倫理を守ることを何というか。	30 コンプライアンス （法令順守）
□**31** 税の負担者と納税義務者が一致する税を何というか。	31 直接税
□**32** 税の負担者と納税義務者が一致しない税を何というか。	32 間接税
□**33** 日本の消費税は**31**と**32**のどちらであるか。	33 **32**の間接税
□**34** 所得税のように、高額所得者ほど税率が高くなる課税の方法を何というか。	34 累進課税
□**35** 企業の利益ではなく、建物の面積や従業員数など事業規模に応じてかかる法人事業税を何というか。	35 外形標準課税

社会

国際

キーワード

●**国際分業**：水平的分業、垂直的分業　●**貿易**：自由貿易主義、保護貿易主義（フリードリッヒ・リスト）／国際通貨基金（IMF）／世界貿易機関（WTO）／環太平洋経済連携協定（TPP）　●**地域経済化**：欧州連合（EU）、東南アジア諸国連合（ASEAN）、米・メキシコ・カナダ協定（USMCA）／モノカルチャー経済／政府の途上国援助（ODA）／世界銀行　●**国際連合（UN）**：安全保障理事会（常任理事国：米英仏ロ中）、信託統治理事会、経済社会理事会、国際司法裁判所(ICJ)／国連平和維持活動(PKO)、国連平和維持軍（PKF）　●**国連専門機関**：ユネスコ、ユニセフ／国際原子力機関（IAEA）／部分的核実験禁止条約（PTBT）、核不拡散条約（NPT）、包括的核実験禁止条約（CTBT）

☑ チェックドリル

Question	Answer
□**1** 国際収支は、大別すると二つの収支から成り立っている。それは何か。	1 経常収支、資本収支
□**2** 経常収支のうち、商品の輸出入にかかわる収支のことを何というか。	2 貿易収支
□**3** 自由貿易主義に対し、保護関税を設けて輸入制限をすべきとする考え方を何というか。	3 保護貿易主義
□**4** 円高のとき、輸出価格は上昇するのか下落するのか。	4 上昇する
□**5** 円安のとき、輸入価格は上昇するのか下落するのか。	5 上昇する

Question	Answer
☐**6** 国と国との貿易によって生じる債権・債務を決済する手段を何というか。	6 外国為替
☐**7** 一国の通貨と他国の通貨の交換比率を何というか。	7 為替レート（外国為替相場）
☐**8** 為替相場の安定を図るため、1945年に設立された国際通貨基金の略称は何か。	8 IMF
☐**9** 自由貿易の推進と貿易紛争の調停を目的とする世界貿易機関の略称は何か。	9 WTO
☐**10** 1985年にG5がドル高是正のため外国為替市場への協調介入を決めたときの合意を何というか。	10 プラザ合意
☐**11** 🔟の合意によって日本にはどんな影響があったか。	11 円高不況が起きた
☐**12** 主要国首脳会議の通称は何か。	12 サミット
☐**13** 1993年に発足した欧州連合の略称は何か。	13 EU
☐**14** ASEANは日本語でいうと何の略称か。	14 東南アジア諸国連合
☐**15** USMCAに加盟する3カ国はどこか。	15 米国、カナダ、メキシコ
☐**16** 発展途上国の間にある経済格差の問題は何と呼ばれているか。	16 南南問題

社会

☑ チェックドリル

Question	Answer

□**17** 発展途上国に多い、生産や輸出を特定の一次産品に依存する経済を何というか。

17 モノカルチャー経済

□**18** BRICSと呼ばれる主要新興国は、ブラジル、ロシア、インド、中国とあと一つはどこか。

18 南アフリカ

□**19** 2008年9月の米証券会社の経営破綻<small>はたん</small>をきっかけとした世界的な景気後退を何というか。

19 リーマン・ショック

□**20** 各国の為替相場の安定と資本移動の自由化の推進や、世界貿易や経済の発展を支援する国際機関を何というか。

20 国際通貨基金（IMF）

□**21** 国際司法裁判所がある国はどこか。

21 オランダ

□**22** 2023年10月現在の国連事務総長は誰か。

22 アントニオ・グテーレス

□**23** 国連の安全保障理事会非常任理事国の数は何カ国か。

23 10カ国

□**24** 国連の安全保障理事会常任理事国は、米国、英国、ロシアとあと2カ国はどこか。

24 フランス、中国

□**25** 国連総会での重要事項の議決には、加盟国のうち、どのくらいの賛成が必要か。

25 3分の2以上

□**26** 停戦監視や選挙監視などの監視活動、国連平和維持軍（PKF）の展開などをする国連の活動を何というか。

26 国連平和維持活動（PKO）

Question

□**27** 国際的な情報交換、成人教育の振興、文化遺産の保護活動などを行う国連の機関を何というか。

□**28** 迫害や紛争によって故郷を追われた人々を人道的見地から支援する国連の機関は何か。

□**29** 第2次世界大戦後間もなく、米国や西欧諸国が結成した集団安全保障機構は何か。

□**30** 1963年に米国、英国、ソ連によって結ばれた地下核実験以外の核実験を禁止した条約は何か。

□**31** 原子力の軍事転用を防ぐため、イランや北朝鮮の核査察を行った国際的な専門機関は何か。

□**32** 米国、英国、フランス、ロシア、中国以外が核兵器を保有することを禁止する条約は何か。

□**33** 国連海洋法条約に基づき、海に面した国の経済的な主権が及ぶ範囲を何というか。

□**34** 領土権の確定といった国家間の訴訟事件の裁判などを行う国連の機関は何か。

□**35** 2014年に、ロシアが一方的に編入することを宣言した地域はどこか。

Answer

27 国連教育科学文化機関（ユネスコ）

28 国連難民高等弁務官事務所（UNHCR）

29 北大西洋条約機構（NATO）

30 部分的核実験禁止条約（PTBT）

31 国際原子力機関（IAEA）

32 核不拡散条約（NPT）

33 排他的経済水域（EEZ）

34 国際司法裁判所（ICJ）

35 クリミア半島

社会

社会

<キーワード>

公判前整理手続き／情報リテラシー／情報技術（IT）／ソーシャルメディア／男女雇用機会均等法／女子差別撤廃条約／男女共同参画社会／パワハラ／セクハラ／消費者庁／高年齢者雇用安定法／リストラ／不良債権／規制緩和／悪徳商法／消費者主権／クーリングオフ制度／製造物責任（PL）法／環境問題／少子化／健康増進法／国勢調査／超高齢社会／社会保障（社会保険、社会福祉、公的扶助、公衆衛生）／社会保険（医療保険、年金保険、雇用保険、労働者災害補償保険、介護保険）／バリアフリー／労働三法（労働基準法、労働組合法、労働関係調整法）／非正規雇用／サービス残業／再審制度／検察審査会

☑ チェックドリル

Question	Answer
□**1** 審理期間を短縮するため、初公判前に検察側と弁護側が主張や証拠を示し合って争点を絞り込む司法手続きを何というか。	1 公判前整理手続き
□**2** 情報通信機器の操作能力、または情報そのものを使いこなす能力を何というか。	2 情報リテラシー
□**3** 全人口に対し、65歳以上の人口が21％超を占める社会を何というか。	3 超高齢社会
□**4** 介護が必要な高齢者を社会全体で支えるため2000年に施行された法律は何か。	4 介護保険法
□**5** ④の法律に基づいて、介護サービス計画を作成する専門家を何というか。	5 介護支援専門員（ケアマネジャー）

□**6** 生産年齢人口とは何歳から何歳までの人口をいうか。

6 15歳から64歳

□**7** 人口や世帯構成などの把握を目的に5年ごとに行われる全国的な調査は何か。

7 国勢調査

□**8** 1947～49年のベビーブームの時期に生まれた人たちは何と呼ばれているか。

8 団塊の世代

□**9** 男女の雇用および待遇の平等実現をめざして1986年に施行された法律は何か。

9 男女雇用機会均等法

□**10** 産業優先の行政から生活者重視に転換を図るために、2009年9月に発足した消費者行政を一元的に担う中央官庁はどこか。

10 消費者庁

□**11** 65歳まで働きたい人全員の雇用確保を企業に義務づけた法律は何か。

11 高年齢者雇用安定法

□**12** 2020年に改正法が全面施行された、受動喫煙対策を強化した法律は何か。

12 健康増進法

社会

□**13** 日本の社会保障制度の四つの柱は、社会保険、社会福祉、公的扶助とあと一つは何か。

13 公衆衛生

□**14** 日本の社会保険の種類は、医療、年金、雇用、介護とあと一つは何か。

14 労働者災害補償保険（労災保険）

□**15** 国民の中から抽選で選ばれた裁判員と裁判官が一緒に判決を決める制度を何というか。

15 裁判員制度

☑ チェックドリル

Question	Answer

□16 日本で1961年から続いてきた、全国民が公的医療保険制度に加入することを何というか。

16 国民皆保険

□17 日本の労働三法といわれるのは、労働基準法、労働関係調整法とあと一つは何か。

17 労働組合法

□18 訪問販売などでの売買契約を、一定期間であれば無条件で解除できる制度は何か。

18 クーリングオフ

□19 冤罪防止のため、判決確定後の救済手続きとして刑事訴訟法に定められている制度は何か。

19 再審制度

□20 くじで選ばれた11人の市民が、検察官の不起訴処分が妥当だったかどうかを審査する仕組みを何というか。

20 検察審査会

□21 容疑者や被告が他人の犯罪を明らかにすると、検察官が起訴を見送ったり、求刑を軽くしたりする制度を何というか。

21 司法取引

□22 2016年4月に施行された、障害を理由とした差別の禁止を国や自治体と民間事業者に義務づけた法律は何か。

22 障害者差別解消法

□23 2020年6月施行の改正道路交通法で新たに罪と定められた「通行を妨害する目的で、交通の危険の恐れがある方法による一定の違反をする行為」を何というか。

23 あおり運転

歴史

●**四大文明**：メソポタミア、エジプト、黄河、インダス　●**ギ
リシャ文明**：ヘレニズム文化／アレクサンドロス大王／ローマ
帝国／シルクロード／ルネサンス　●**大航海時代**：コロンブス、
バスコ・ダ・ガマ、マゼラン　●**宗教改革**：ルター、カルバン
●**市民革命**：清教徒革命、名誉革命（ともにイギリス）、アメ
リカ独立宣言、フランス革命／産業革命／第１次世界大戦／第
２次世界大戦　●**原始・古代**：縄文時代／弥生時代／邪馬台国
／大化の改新　●**奈良時代**：聖武天皇　●**平安時代**：摂関政治、
院政　●**鎌倉時代**：源頼朝、元寇　●**室町時代**：足利尊氏、応
仁の乱　●**安土桃山時代**：織豊政権　●**江戸時代**：徳川家康、
三大改革（享保、寛政、天保）　●**明治維新以降**：廃藩置県／
日清戦争／日露戦争／大正デモクラシー／太平洋戦争／サンフ
ランシスコ講和会議

☑ チェックドリル

Question	Answer
□**1** 流域に古代メソポタミア文明が栄えた二つの川の名称は何か。	1 チグリス川、ユーフラテス川
□**2** ローマ帝国が東西に分裂したのは何世紀か。	2 4世紀
□**3** 紀元前５世紀に起きたペロポネソス戦争は、どことどこの戦争だったか。	3 アテネとスパルタ
□**4** 紀元前４世紀に大帝国を築いたアレクサンドロス大王はどこの国の王だったか。	4 マケドニア

社会

☑ チェックドリル

Question	Answer
□**5** イグナティウス・デ・ロヨラらが宗教改革に対抗して設け、海外布教に努めた組織を何というか。	5 イエズス会
□**6** 米国の初代大統領は誰か。	6 ジョージ・ワシントン
□**7** 清が降伏したため、イギリスに香港を割譲することとなった戦争を何というか。	7 アヘン戦争
□**8** 1930年代に米国のフランクリン・ルーズベルト大統領が行った恐慌対策を何というか。	8 ニューディール政策
□**9** 第2次世界大戦後に成立した、米ドルを基軸とする国際通貨体制を何というか。	9 ブレトンウッズ体制
□**10** 朝鮮戦争の休戦ラインを何というか。	10 軍事境界線
□**11** 16世紀、スペインの無敵艦隊がイギリス艦隊に敗れた海戦は何と呼ばれるか。	11 アルマダの海戦
□**12** 仁徳陵古墳（大山古墳）は、何と呼ばれる形態の古墳か。	12 前方後円墳
□**13** 672年に起きた壬申の乱は、大海人皇子と誰との争いであったか。	13 大友皇子
□**14** 五経博士と呼ばれる渡来人は、日本に何をもたらした人たちか。	14 儒教
□**15** 平安京に遷都した天皇は誰か。	15 桓武天皇

☐**16** 唐で学んだ最澄が帰国して開いた宗派を何というか。

16 天台宗

☐**17** 鎌倉時代に、後鳥羽上皇が朝廷政治の復活を図って起こした反乱を何というか。

17 承久の乱

☐**18** 元寇のときの鎌倉幕府の執権は誰か。

18 北条時宗

☐**19** 室町幕府の最後の将軍は誰か。

19 足利義昭

☐**20** 享保の改革を主導した将軍は誰か。

20 徳川吉宗

☐**21** 日本にキリスト教が伝来したのは何年か。

21 1549年

☐**22** 1868年から69年にかけて行われた、新政府軍と旧幕府軍との戦争を何というか。

22 戊辰戦争

☐**23** 明治時代に内閣制度が発足したとき、初代首相となったのは誰か。

23 伊藤博文

☐**24** 日清戦争の講和条約は何という条約か。

24 下関条約

☐**25** 日露戦争の講和条約は何という条約か。

25 ポーツマス条約

☐**26** 1951年のサンフランシスコ講和条約調印式に出席した日本の首相は誰か。

26 吉田茂

☐**27** 沖縄返還の実現や、非核三原則でノーベル平和賞を受賞した日本の元首相は誰か。

27 佐藤栄作

社会

地理

キーワード

●**六大陸**：ユーラシア、アフリカ、北アメリカ、南アメリカ、南極、オーストラリア　●**三大洋**：太平洋、インド洋、大西洋
●**造山帯**：アルプス・ヒマラヤ造山帯、環太平洋造山帯　●**海底地形**：大陸棚、海溝、海淵　●**大気の循環**：貿易風、偏西風
●**地方風**：熱風、フェーン、ブリザード、熱帯低気圧　●**海流**：暖流、寒流／エルニーニョ現象、ラニーニャ現象　●**気候の三大要素**：気温、風、降水　●**気候**：大陸性気候、海洋性気候／熱帯（熱帯雨林気候、サバナ気候）、乾燥帯、温帯（地中海性気候、西岸海洋性気候）、冷帯（亜寒帯）、寒帯（ツンドラ気候、氷雪気候）／時差（経度15度ごとに1時間）／日本の東端（東京・南鳥島）、西端（沖縄・与那国島）、南端（東京・沖ノ鳥島）、北端（北海道・択捉島）／フォッサマグナ

☑ チェックドリル

Question	Answer
□**1** 地球の六大陸とは、アフリカ、北アメリカ、南アメリカ、オーストラリア、南極と何か。	1 ユーラシア
□**2** 地球の三大洋とは、太平洋、大西洋とあと一つは何か。	2 インド洋
□**3** 世界で一番長い川はどこか。	3 ナイル川
□**4** 大陸棚とは、大陸のまわりの、深さがおよそ何mまでの海底のことをいうのか。	4 約200m
□**5** 地球の造山帯は、アルプス・ヒマラヤ造山帯とあと一つは何か。	5 環太平洋造山帯

□**6** 地球の陸と海の面積比は何対何か。

6 ３（陸）：７（海）

□**7** 平年に比べ、ペルー沖の海面水温の低い状態が１年程度続く現象を何と呼ぶか。

7 ラニーニャ現象

□**8** 海溝と海淵では、どちらがより深いところにあるか。

8 海淵

□**9** オセアニアの海は三つに分けられる。ポリネシア、ミクロネシア、あと一つは何か。

9 メラネシア

□**10** 地中海沿岸に分布している、石灰岩が母岩となってできた赤褐色の土壌を何というか。

10 テラロッサ

□**11** モンスーンとは日本語でいうと何のことか。

11 季節風

□**12** 雨期と乾期がはっきり分かれるアフリカなどに分布する気候を何というか。

12 サバナ（サバンナ）気候

□**13** 最暖月の平均気温がセ氏０〜10度という北極海沿岸部やグリーンランド沿岸部などに分布する気候を何というか。

13 ツンドラ気候

□**14** 熱帯・亜熱帯地方で、コーヒーや綿花などの単一作物を栽培する大農園を何というか。

14 プランテーション

□**15** 北大西洋または北東太平洋で発生する最大風速33m／秒以上の熱帯低気圧は何と呼ばれるか。

15 ハリケーン

社会

Question

| | Answer |

□**16** アフリカ大陸とアラビア半島の間にある細長い海を何というか。

16 紅海

□**17** 日本の最東端はどこか。

17 南鳥島（東京都）

□**18** 日本の最西端はどこか。

18 与那国島（沖縄県）

□**19** 日本列島の本州中央部を南北に縦断する地溝帯のことを何というか。

19 フォッサマグナ

□**20** 日本で最も長い川はどこか。

20 信濃川

□**21** 日本で最も面積が小さい県はどこか。

21 香川県

□**22** 本州と北海道の間の海峡を何というか。

22 津軽海峡

□**23** 山口県の秋吉台のように石灰岩などが水に浸食されてできた地形を何というか。

23 カルスト台地

□**24** 日本で発電量が最も多いのは、火力発電、水力発電、原子力発電のうちどれか。

24 火力発電

□**25** 英国の旧グリニッジ天文台を通る経線を何というか。

25 本初子午線

□**26** 地球上で経度15度ごとに生じる時差はどれくらいか。

26 1時間

□**27** 日本列島の南側を流れる暖流を何と呼んでいるか。

27 黒潮（日本海流）

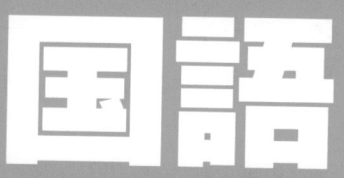

国語

漢字

キーワード

●覚えておきたい難読漢字

造詣（ぞうけい）／罹災（りさい）／訝る（いぶかる）／従容（しょうよう）／召集（しょうしゅう）／因業（いんごう）／辟易（へきえき）／草鞋（わらじ）／一縷（いちる）／矜持（きょうじ）／訥弁（とつべん）／回向（えこう）／寡聞（かぶん）／領袖（りょうしゅう）／仄聞（そくぶん）／乖離（かいり）／出色（しゅっしょく）／更迭（こうてつ）／好事家（こうずか）／庫裏（くり）／僥倖（ぎょうこう）／名利（めいり）／朱鷺（とき）／蘊蓄（うんちく）／鳩尾（みぞおち）／海豹（あざらし）／忌憚（きたん）／汎用（はんよう）／殺陣（たて）／凡例（はんれい）／上梓（じょうし）／薪能（たきぎのう）／忖度（そんたく）／斟酌（しんしゃく）／愁眉（しゅうび）／敷設（ふせつ）／詮索（せんさく）／斡旋（あっせん）／出納（すいとう）／相殺（そうさい）／胡座（あぐら）／臆病（おくびょう）／減殺（げんさい）／緩和（かんわ）／赴任（ふにん）／訴訟（そしょう）／推薦（すいせん）／完璧（かんぺき）／快哉（かいさい）／灰汁（あく）／功徳（くどく）／団扇（うちわ）／瓦解（がかい）／夭折（ようせつ）／冤罪（えんざい）／忸怩（じくじ）／脆弱（ぜいじゃく）／流布（るふ）／市井（しせい）／暫時（ざんじ）／逼迫（ひっぱく）／幕間（まくあい）／紫陽花（あじさい）／行脚（あんぎゃ）／居丈高（いたけだか）／意匠（いしょう）／時化（しけ）／百日紅（さるすべり）／進捗（しんちょく）／論旨（ろんし）／鼎談（ていだん）／頒布（はんぷ）／破綻（はたん）／婉曲（えんきょく）／数珠（じゅず）／善後策（ぜんごさく）／十六夜（いざよい）／召還（しょうかん）／知己（ちき）／麦秋（ばくしゅう）／門扉（もんぴ）

✓ チェックドリル

Question	Answer
◆下線部の漢字の読みを答えなさい。	
□**1** 西洋美術に<u>造詣</u>が深い	1 ぞうけい
□**2** <u>罹災</u>地に物資を送る	2 りさい
□**3** 嘘をついているのではないかと<u>訝</u>る	3 いぶか
□**4** <u>従容</u>と受け入れる	4 しょうよう
□**5** 国会を<u>召集</u>する	5 しょうしゅう
□**6** <u>因業</u>な仕打ち	6 いんごう
□**7** <u>草鞋</u>を履く	7 わらじ
□**8** <u>一縷</u>の望みをかける	8 いちる

Question

□**9** 社会人としての矜持を持つ

□**10** 訥弁だが心揺さぶる

□**11** 犠牲者の回向を続ける

□**12** 寡聞にして知らない

□**13** 派閥の領袖

□**14** 仄聞したところ

□**15** 現実から乖離する

□**16** 出色の出来栄え

□**17** 外務大臣を更迭する

□**18** 好事家の関心を引く

□**19** 立派な庫裏

□**20** 僥倖にめぐりあう

□**21** 古都・奈良の名刹

□**22** 朱鷺が大空を舞う

□**23** 蘊蓄を傾ける

□**24** 鳩尾が痛む

Answer

9 きょうじ

10 とつべん

11 えこう

12 かぶん

13 りょうしゅう

14 そくぶん

15 かいり

16 しゅっしょく

17 こうてつ

18 こうずか

19 くり

20 ぎょうこう

21 めいさつ

22 とき

23 うんちく

24 みぞおち

国語

171

✓ チェックドリル

Question	Answer
☐**25** 海豹の群れ	25 あざらし
☐**26** 野に下る	26 や
☐**27** 忌憚のない意見	27 きたん
☐**28** 汎用性が高い	28 はんよう
☐**29** 殺陣を習う	29 たて
☐**30** 凡例を載せる	30 はんれい
☐**31** 新刊を上梓する	31 じょうし
☐**32** 薪能を鑑賞する	32 たきぎのう
☐**33** 相手の考えを忖度する	33 そんたく
☐**34** 斟酌の余地	34 しんしゃく
☐**35** 愁眉を開く	35 しゅうび
☐**36** 鉄道を敷設する	36 ふせつ

◆下線部のひらがなを漢字に直しなさい。

☐**1** あれこれせんさくする	1 詮索
☐**2** 就職をあっせんする	2 斡旋
☐**3** ぜんごさくを講じる	3 善後策

172

Question

□**4** <u>おくびょう</u>風に吹かれる

□**5** <u>あぐら</u>をかいてくつろぐ

□**6** <u>うやうや</u>しい態度

□**7** 興味が<u>げんさい</u>される

□**8** <u>しんちょく</u>状況を確認する

□**9** 風説の<u>るふ</u>

□**10** <u>しせい</u>の人の声を聴く

□**11** 海が<u>しける</u>

□**12** 国を<u>すべる</u>

□**13** <u>いしょう</u>を凝らす

□**14** 前人<u>みとう</u>の地

□**15** <u>もんぴ</u>を閉ざす

□**16** 大使を<u>しょうかん</u>する

□**17** 組織が<u>がかい</u>する

□**18** <u>ごうはら</u>な仕打ち

□**19** <u>かいさい</u>を叫ぶ

Answer

4 臆病

5 胡座

6 恭

7 減殺

8 進捗

9 流布

10 市井

11 時化

12 統

13 意匠

14 未到

15 門扉

16 召還

17 瓦解

18 業腹

19 快哉

☑ チェックドリル

Question	Answer
□**20** 迷いを<u>ふっしょく</u>する	20 払拭
□**21** <u>ざんじ</u>停止	21 暫時
□**22** <u>くじゅう</u>の決断	22 苦渋

◆次のA、Bの下線部に共通する漢字を書きなさい。

		Question	Answer
□**1**	A	気持ちが<u>あせ</u>る	1 焦
	B	<u>しょう</u>点が合う	
□**2**	A	<u>こ</u>用を生み出す	2 雇
	B	<u>やと</u>い主と相談する	
□**3**	A	世間に<u>うと</u>まれる	3 疎
	B	過<u>そ</u>地の医療	
□**4**	A	<u>せん</u>制君主のように振る舞う	4 専
	B	<u>もっぱ</u>ら聞くばかり	
□**5**	A	人の心を<u>もてあそ</u>ぶ	5 弄
	B	仲間を愚<u>ろう</u>する行為	
□**6**	A	破天<u>こう</u>な試み	6 荒
	B	心が<u>すさ</u>む	
□**7**	A	生活の<u>かて</u>	7 糧
	B	三日分の食<u>りょう</u>	

Question

□**8** A 本を<u>あらわす</u>
　　B <u>いちじる</u>しい成長

◆次の下線部を漢字に直しなさい。
□**1** A 研究の<u>たいしょう</u>
　　B 原本と<u>たいしょう</u>する
　　C 左右<u>たいしょう</u>

□**2** A パソコンの<u>ほしょう</u>書
　　B 日米安全<u>ほしょう</u>条約
　　C 損害<u>ほしょう</u>

□**3** A <u>いじょう</u>な暑さが続く
　　B 戦線に<u>いじょう</u>がある
　　C 所有権を<u>いじょう</u>する
　　D 飲酒は20歳<u>いじょう</u>から

□**4** A 他国から<u>かんしょう</u>される
　　B 絵画を<u>かんしょう</u>する
　　C <u>かんしょう</u>材を入れる

□**5** A 成績<u>ふしん</u>に陥る
　　B <u>ふしん</u>に思う
　　C 交渉に<u>ふしん</u>する
　　D 寺院を<u>ふしん</u>する

□**6** A 進化の<u>かてい</u>
　　B 博士<u>かてい</u>に進む
　　C <u>かてい</u>の計算

Answer

8 著

1 A 対象
　B 対照
　C 対称

2 A 保証
　B 保障
　C 補償

3 A 異常
　B 異状
　C 移譲
　D 以上

4 A 干渉
　B 鑑賞
　C 緩衝

5 A 不振
　B 不審
　C 腐心
　D 普請

6 A 過程
　B 課程
　C 仮定

国語

四字熟語

●覚えておきたい四字熟語

気宇壮大／一蓮托生／一言居士／一日千秋／一網打尽／八面六臂／三々五々／九死一生／紆余曲折／傲岸不遜／有象無象／侃々諤々／金城湯池／面従腹背／大器晩成／五里霧中／意味深長／竜頭蛇尾／百鬼夜行／付和雷同／天衣無縫／唯々諾々／一知半解／一騎当千／虎視眈々／同工異曲／酒池肉林／遠交近攻／泰山北斗／針小棒大／切磋琢磨／当意即妙／鯨飲馬食／起死回生／危機一髪／画竜点睛／信賞必罰／渾然一体／明鏡止水／衆人環視／快刀乱麻／合従連衡／異口同音／落花狼藉／傍若無人／大言壮語／試行錯誤／徹頭徹尾／森羅万象／朝三暮四

✓ チェックドリル

Question	Answer
◆次の四字熟語の読みを答えなさい。	
□**1** 八面六臂	1 はちめんろっぴ
□**2** 傲岸不遜	2 ごうがんふそん
□**3** 気宇壮大	3 きうそうだい
□**4** 有象無象	4 うぞうむぞう
□**5** 金城湯池	5 きんじょうとうち
□**6** 侃々諤々	6 かんかんがくがく
□**7** 面従腹背	7 めんじゅうふくはい

Question

◆枠内に漢字を入れて四字熟語を完成させなさい。

□**1** 意味□長（いみしんちょう）

□**2** 画竜点□（がりょうてんせい）

□**3** 快刀乱□（かいとうらんま）

□**4** □知半解（いっちはんかい）

□**5** 一□当千（いっきとうせん）

□**6** 遠交近□（えんこうきんこう）

□**7** □和雷同（ふわらいどう）

□**8** 同工異□（どうこういきょく）

□**9** □飲馬食（げいいんばしょく）

□**10** 衆人□視（しゅうじんかんし）

□**11** 明□止水（めいきょうしすい）

□**12** 危機一□（ききいっぱつ）

□**13** 五里□中（ごりむちゅう）

□**14** 傍□無人（ぼうじゃくぶじん）

□**15** 大言□語（たいげんそうご）

Answer

1 深

2 晴

3 麻

4 一

5 騎

6 攻

7 付

8 曲

9 鯨

10 環

11 鏡

12 髪

13 霧

14 若

15 壮

慣用句

●覚えておきたい慣用句

目に余る／目から鼻へ抜ける／目を回す／目の黒いうち／目の敵^{かたき}／木で鼻をくくる／歯に衣着せぬ／怒り心頭に発する／足元を見る／足がつく／足が出る／足を洗う／足を棒にする／手を焼く／尻に敷く／腰が重い／腰がある／腰が軽い／腰を抜かす／胸が裂ける／腹に据えかねる／腹が黒い／腹が据わる／腹の虫がおさまらない／肩にかかる／肩を持つ／尻尾を出す／尻尾をつかむ／濡れ手で粟／押っ取り刀／秋風が立つ／枯れ木も山の賑わい／的を射る／寸暇を惜しんで／気の置けない／愛嬌を振りまく／溜飲を下げる／上を下への大騒ぎ

☑ チェックドリル

Question	Answer
◆ （ ）内を補い、次の意味を表す慣用句を完成させなさい。	
□**1** わずかの暇さえも惜しむこと →寸暇を惜し（ ）	1 んで
□**2** 素っ気ない態度 →木で（ ）をくくる	2 鼻
□**3** 気遣いする必要がないこと →気（ ）置けない	3 の
□**4** 優れていて賢いこと →目から（ ）へ抜ける	4 鼻

Question

☐**5** 無精でなかなか行動を起こそうとしな
いこと
→（　）が重い

5 腰

☐**6** 周囲ににこやかな態度をとること
→（　）を振りまく

6 愛嬌

☐**7** 不平不満が解消して気が晴れること
→溜飲を（　）げる

7 下

☐**8** つまらないものでも、ないよりはましなこと
→（　）も山の賑わい

8 枯れ木

☐**9** 要点をうまくつかむこと
→的を（　）

9 射る

☐**10** 激しく怒ること
→怒り心頭に（　）する

10 発

☐**11** ずけずけとものを言うこと
→歯に（　）着せぬ

11 衣

☐**12** 混乱するさま
→上（　）下への大騒ぎ

12 を

☐**13** 大急ぎで駆けつけるさま
→押っ取り（　）

13 刀

☐**14** 男女間の愛情が薄れること
→（　）が立つ

14 秋風

国語

179

ことわざ・故事成語

●覚えておきたいことわざ・故事成語

年寄りの冷や水／沈黙は金／聞くは一時の恥、聞かぬは一生の恥／二階から目薬／袖振り合うも多生の縁／糠に釘／果報は寝て待て／李下に冠を正さず／ひょうたんから駒／弘法にも筆の誤り／覆水盆に返らず／一寸の虫にも五分の魂／舌先三寸／海老で鯛を釣る／能ある鷹は爪を隠す／井の中の蛙大海を知らず／旅の恥は掻き捨て／犬も歩けば棒に当たる／役不足／二の舞を演じる／押しも押されもせぬ／騎虎の勢い／五十歩百歩／取りつく島もない／糟糠の妻／枕を高くして臥す／画餅に帰す／石橋を叩いて渡る／羹に懲りて膾を吹く／塞翁が馬

✓ チェックドリル

Question	Answer
◆次の意味を表すことわざや故事成語の（　）に入る言葉を答えなさい。	
□1 人に疑われるようなことは避けること 　　→（　）に冠を正さず	1 李下
□2 力量に対して役目が不相応に軽いこと 　　→（　）不足	2 役
□3 良い結果は自力で引き寄せるのではなく、自然にやって来るのを待つ方がよい 　　→（　）は寝て待て	3 果報
□4 口先だけの巧みな弁舌 　　→（　）先三寸	4 舌

Question	Answer
□**5** 行きがかり上、途中でやめられなくなること → （　） の勢い	5 騎虎
□**6** 冗談で言ったことが事実となってしまうこと →ひょうたんから （　）	6 駒
□**7** 心配事がなくなり安心すること →枕を高くして （　） す	7 臥
□**8** 人のまねをすること。特に、前の人と同じ失敗をすること →二の舞を （　）	8 演じる
□**9** ゆるぎないこと →押しも押さ （　）	9 れもせぬ
□**10** 計画したことが失敗し、無駄になること → （　） に帰す	10 画餅
□**11** 自らの狭い範囲内でしか物事を考えられないこと →井の中の （　） 大海を知らず	11 蛙
□**12** 貧しい時から苦労を共にした妻 → （　） の妻	12 糟糠
□**13** 一度してしまったことは取り返しがつかないこと →覆水 （　） に返らず	13 盆

国語

同義語・対義語

●覚えておきたい同義語：有名＝著名／借金＝負債／努力＝勤勉／進退＝去就／承知＝納得／自負＝矜持／心配＝不安／統率＝指揮／普及＝流布／明白＝歴然／意図＝作為／応援＝激励／興奮＝熱狂／執着＝拘泥／優秀＝秀逸／敏感＝鋭敏／豊富＝潤沢／幼稚＝未熟／雑然＝乱雑／交渉＝折衝／一切＝万事／難局＝苦境／暗示＝示唆／短所＝欠点／長所＝美点

●覚えておきたい対義語：横柄⇔謙虚／理想⇔現実／偶然⇔必然／原則⇔例外／自由⇔束縛／繁栄⇔衰退／実在⇔架空／快諾⇔固辞／閑散⇔繁忙／傲慢⇔謙虚／模倣⇔創造／参入⇔撤退／原因⇔結果／発端⇔結末／緊張⇔弛緩／絶対⇔相対／慎重⇔軽率／促進⇔抑制／増進⇔減退／保守⇔革新／需要⇔供給／真実⇔虚偽／迅速⇔緩慢／延長⇔短縮／創造⇔破壊／理論⇔実践

✓ チェックドリル

Question	Answer
◆次の言葉の同義語を答えなさい。	
□**1** 有名	1 著名
□**2** 借金	2 負債
□**3** 努力	3 勤勉
□**4** 進退	4 去就
□**5** 承知	5 納得
□**6** 自負	6 矜持

Question

□**7** 一切

□**8** 暗示

□**9** 雑然

◆次の言葉の対義語を答えなさい。
□**1** 横柄

□**2** 理想

□**3** 偶然

□**4** 原則

□**5** 自由

□**6** 繁栄

□**7** 実在

□**8** 快諾

□**9** 傲慢

□**10** 模倣

□**11** 緊張

□**12** 絶対

Answer

7 万事

8 示唆

9 乱雑

1 謙虚

2 現実

3 必然

4 例外

5 束縛

6 衰退

7 架空

8 固辞

9 謙虚

10 創造

11 弛緩

12 相対

国語

文法・敬語

キーワード

●覚えておきたい敬語
尊敬語のパターン：①「お（ご）〜になる」例）おいでになる／お帰りになる／お聞きになる／ご覧になる　②「〜れる」「〜られる」例）言われる／歩かれる　③特別な語を使う　例）召し上がる／おっしゃる／くださる
謙譲語のパターン：①「お（ご）〜する（いたす）」例）お尋ねする／ご案内する　②特別な語を使う　例）参る／いただく／申し上げる／粗品
丁寧表現：名詞に「お（ご）」を付ける　例）ご家族／お母様
●覚えておきたい副詞の用法
全然〜ない／さらさら〜ない／ついぞ〜ない／あたかも〜のようだ

☑ チェックドリル

Question

◆次の語を尊敬語・謙譲語にそれぞれ直しなさい。

□**1**「行く」

□**2**「会う」

□**3**「食べる」

Answer

1 （尊）「いらっしゃる」
　「お出かけになる」
　「おいでになる」
　（謙）「参る」「伺う」

2 （尊）「お会いになる」
　（謙）「お目にかかる」

3 （尊）「召し上がる」
　（謙）「いただく」

Question

□**4** 「言う」

◆次の下線部は尊敬語・丁寧語・謙譲語のどれか。

□**1** お客様が<u>お待ち</u>です

□**2** 今日はよいお天気<u>です</u>

□**3** <u>拙宅</u>にお招きする

□**4** 失礼<u>いたし</u>ます

◆次の下線部の間違いを直しなさい。

□**1** 社長が<u>お戻りになられ</u>ました

□**2** <u>ご利用していただき</u>ありがとうございます

□**3** さらさら<u>思っていた</u>

□**4** 支店長から本社役員に<u>左遷</u>になった

□**5** 全然<u>届いている</u>

□**6** 彼はついぞ<u>現れた</u>

□**7** あたかも<u>知っていた</u>

Answer

4 （尊）「おっしゃる」
「お話しになる」
（謙）「申し上げる」

1 尊敬語

2 丁寧語

3 謙譲語

4 謙譲語

1 お戻りになり／
戻られ

2 ご利用いただき／
利用していただき

3 思っていなかった

4 栄転

5 届いていない

6 現れなかった

7 知っているかのようだった

カタカナ語

キーワード

●覚えておきたいカタカナ語
アーカイブ／エビデンス／サステイナビリティー／リテラシー／ダイバーシティー／コラボレーション／ペイオフ／デリバティブ／クラウドファンディング／インフォームド・コンセント／トリアージ／アセスメント／アジェンダ／デフォルト／アライアンス／ソリューション／アウトソーシング／バリアフリー／オンブズマン／インバウンド／マネーロンダリング／インセンティブ／インキュベーター

☑ チェックドリル

Question	Answer
◆次の解説にあたるカタカナ語を答えなさい。	
□**1** もともとは公文書保管所、公文書記録を意味するが、最近はデジタル化したデータを圧縮し保管している場所のことも指す言葉は何か。	1 アーカイブ （archive）
□**2** 医学でこの治療法がよいといえる「証拠」のことを何というか。	2 エビデンス （evidence）
□**3** 社会の仕組みや環境などが持続可能であることを指す言葉は何か。	3 サステイナビリティー （sustainability）
□**4** 読み書き能力のことだが、最近ではコンピューターを使いこなす能力や、それによって得た情報を活用する能力のことも指す言葉は何か。	4 リテラシー （literacy）

Question	Answer
□**5** 性別や国籍、年齢などを問わずに多様な人材を活用することで生産性を上げ、企業の成長と個人の幸せを同時にめざす概念を何というか。	5 ダイバーシティー （diversity）
□**6** 合作、共同研究、協調などの意味があり、複数の企業が互いの得意分野を生かした商品開発や共同事業を展開する際によく使われる言葉は何か。	6 コラボレーション （collaboration）
□**7** 金融機関が破綻した場合に、預金保険機構が預金者に一定額までの元本と利息を保証する制度を何というか。	7 ペイオフ（payoff）
□**8** 株や債券、為替などの金融商品を元にし、「金融派生商品」と呼ばれるのは何か。	8 デリバティブ （derivatives）
□**9** 主にインターネットを使って不特定多数の人から小口のお金を集める手法を何というか。	9 クラウドファンディング （crowd funding）
□**10** 患者が医師から治療方針や方法について、十分に説明を受け、同意したうえで治療を進めることを何というか。	10 インフォームド・コンセント （informed consent）
□**11** 大災害や大事故で多数の負傷者が出た時に、手当ての緊急度に従って優先順位をつけることを何というか。	11 トリアージ （triage）
□**12** 「環境」や「リスク」など、物事を事前に評価や査定することを何というか。	12 アセスメント （assessment）

国語

187

☑ チェックドリル

Question

Answer

□**13** 実施すべき計画のことで、特に政治や国際分野で「検討課題」や「行動計画」を表す言葉は何か。

13 アジェンダ
(agenda)

□**14** 国債や社債の利払いが遅れたり、元本の償還が不能になったりすることを何というか。

14 デフォルト
(default)

□**15** もともとは「同盟」という意味で、複数の企業が利益獲得のために協力し合うことを何というか。

15 アライアンス
(alliance)

□**16** 顧客の業務上の問題点の解決や、新たな要望に応じるためのコンピューター・システムの開発を何というか。

16 ソリューション
(solution)

□**17** 会社の業務の一部を専門業者などの外部に委託することを何というか。

17 アウトソーシング
(outsourcing)

□**18** 家庭内や街から、障害者や高齢者の行動の妨げになる要素をなくすことを何というか。

18 バリアフリー
(barrier-free)

□**19** 行政機関に対する国民の苦情処理や行政活動の監視・告発を行っている行政監査専門員やその機関のことを何というか。

19 オンブズマン
(ombudsman)

□**20**「入ってくる」という意味で、海外から日本へ来る観光客を指す言葉は何か。

20 インバウンド
(inbound)

英語

時事英語

キーワード

●覚えておきたい時事英語

prime minister / nationwide local elections / tax revenue / constitutional revision / gender gap / defense expenditure/ defense spending / Integrated Resort / Hometown tax donation / poverty rate / counterstrike capability / Crypto Assets / primary balance / civil war/cashless payment / consumer price index / greenhouse gas / global warming / renewable energy / Alzheimer's disease / genome editing / Artificial Intelligence / aggression / invasion / North Atlantic Treaty Organization / U.N. Security Council / Treaty on the Prohibition of Nuclear Weapons / real wages / territorial dispute / World Heritage Site / COVID-19 / pandemic / ALPS treated water / minimum wage / Conference of the Parties to the United Nations Framework Convention on Climate Change / Paris Agreement / linear rainband / nuclear power plant / labor union / quantum computer / ratio of job openings / Anthropocene / generative AI / same-sex marriage / heatstroke / food loss / declining birth rate / social recluse

✓ チェックドリル

Question

◆次の英語の意味を表す日本語を答えなさい。

☐ **1** prime minister

☐ **2** nationwide local elections

☐ **3** tax revenue

Answer

1 内閣総理大臣、首相

2 統一地方選

3 税収

Question

☐ **4** constitutional revision

☐ **5** gender gap

☐ **6** defense expenditure

☐ **7** Integrated Resort

☐ **8** Hometown tax donation

☐ **9** poverty rate

☐ **10** counterstrike capability

☐ **11** Crypto Assets

☐ **12** primary balance

☐ **13** civil war

☐ **14** consumer price index

☐ **15** greenhouse gas

☐ **16** global warming

☐ **17** renewable energy

☐ **18** cashless payment

☐ **19** genome editing

Answer

4 憲法改正

5 男女格差

6 防衛費

7 カジノを含む統合型
リゾート（IR）

8 ふるさと納税

9 貧困率

10 敵基地攻撃能力
（反撃能力）

11 暗号資産

12 基礎的財政収支

13 内戦

14 消費者物価指数

15 温室効果ガス

16 地球温暖化

17 再生可能エネルギー

18 キャッシュレス決済

19 ゲノム編集

英語

☑ チェックドリル

Question

□**20** Artificial Intelligence

□**21** aggression

□**22** North Atlantic Treaty Organization

□**23** U.N. Security Council

□**24** Treaty on the Prohibition of Nuclear Weapons

□**25** Alzheimer's disease

□**26** territorial dispute

□**27** World Heritage Site

□**28** COVID-19

□**29** pandemic

□**30** real wages

□**31** Conference of the Parties to the United Nations Framework Convention on Climate Change

□**32** Paris Agreement

□**33** linear rainband

Answer

20 人工知能（AI）

21 侵攻

22 北大西洋条約機構（NATO）

23 国連安全保障理事会

24 核兵器禁止条約

25 アルツハイマー病

26 領土問題

27 世界遺産

28 新型コロナウイルス感染症

29 世界的大流行

30 実質賃金

31 国連気候変動枠組み条約締約国会議（COP）

32 パリ協定

33 線状降水帯

Question	Answer
34 nuclear power plant	34 原子力発電所
35 labor union	35 労働組合
36 minimum wage	36 最低賃金
37 ALPS treated water	37 ALPS 処理水
38 ratio of job openings	38 有効求人倍率
39 quantum computer	39 量子コンピューター
40 Anthropocene	40 人新世
41 same-sex marriage	41 同性婚
42 heatstroke	42 熱中症
43 induced Pluripotent Stem cell	43 iPS 細胞
44 birth rate	44 出生率
45 parental leave	45 育児休暇
46 food loss	46 食品ロス
47 generative AI	47 生成 AI
48 declining birth rate	48 少子化

英語

英熟語

●覚えておきたい英熟語

look into 〜 / make the most of 〜 / refer to 〜 / in spite of
〜 / be equipped with 〜 / be filled with 〜 / refrain from 〜
/ work on 〜 / stand for 〜 / be subject to 〜 / pass out 〜 /
carry out 〜 / look up to 〜 / do 〜 a favor / be familiar with
〜 / be supposed to 〜 / have nothing to do with 〜 / as well
as 〜 / consist of A and B / be expected to 〜 / go along with
〜 / rather than 〜 / be happy to 〜 / in order to 〜 / be
likely to 〜 / turn in A / put up with 〜 / be about to 〜 / be
concerned about A / a couple of 〜 / used to 〜 / at all time

☑ チェックドリル

Question	Answer
◆次の日本語の意味を表す英熟語を答えなさい。	
□**1** 〜を調査する	1 look into 〜
□**2** 〜を最大限に活用する	2 make the most of 〜
□**3** 〜を参照する	3 refer to 〜
□**4** 〜にもかかわらず	4 in spite of 〜
□**5** 〜が備わっている	5 be equipped with 〜
□**6** 〜でいっぱいだ	6 be filled with 〜
□**7** 〜を控える	7 refrain from 〜

Question	Answer
□**8** 〜に取り組む	8 work on 〜
□**9** 〜を表す	9 stand for 〜
□**10** 〜の対象となる	10 be subject to 〜
□**11** 〜を配る	11 pass out 〜
□**12** 〜を実行する	12 carry out 〜
□**13** 〜を尊敬する	13 look up to 〜
□**14** 〜に手を貸す	14 do 〜 a favor
□**15** 〜に精通している	15 be familiar with 〜
□**16** 〜することになっている	16 be supposed to 〜
□**17** 〜と関係がない	17 have nothing to do with 〜
□**18** 〜に加えて	18 as well as 〜
□**19** AとBで構成される	19 consist of A and B
□**20** 〜することを期待される	20 be expected to 〜
□**21** 〜に賛成する	21 go along with 〜
□**22** 〜よりむしろ	22 rather than 〜
□**23** 喜んで〜する	23 be happy to 〜

英語

☑ チェックドリル

Question	Answer
□**24** ～するために	24 in order to ～
□**25** ～しそうだ	25 be likely to ～
□**26** Aを提出する	26 turn in A
□**27** ～を我慢する	27 put up with ～
□**28** まさに～するところだ	28 be about to ～
□**29** Aを心配する	29 be concerned about A
□**30** Aに異動する	30 be transferred to A
□**31** 2、3の～	31 a couple of ～
□**32** あらかじめ	32 in advance
□**33** きっと～する	33 be sure to ～
□**34** ～を思いつく	34 come up with ～
□**35** ～の調子が悪い	35 be wrong with ～
□**36** ～を念頭に置く	36 keep in mind that ～
□**37** 交代で	37 by turns
□**38** Aに満足する	38 be pleased with A
□**39** かつて～した	39 used to ～

Question	Answer
□**40** ～し続ける	40 keep on ～ing
□**41** まだ～していない	41 have yet to ～
□**42** ～しがちである	42 be liable to ～
□**43** ～次第	43 depend on ～
□**44** ～に頼る	44 rely on ～
□**45** 常時	45 at all time
□**46** 十分な～	46 plenty of ～
□**47** BがAにとって代わる	47 replace A by B
□**48** ～を詳しく検討する	48 go over ～
□**49** ～する資格がある	49 be eligible to ～
□**50** まるで～であるかのように	50 as if ～
□**51** ～の資格がある	51 qualify for ～
□**52** ～を成し遂げる	52 go through with ～
□**53** AをBに分ける	53 divide A into B
□**54** ～に対応する	54 attend to ～
□**55** ～にうんざりする	55 be tired of ～

英語

197

英文略語

●覚えておきたい英文略語

WHO＝World Health Organization ／ TOPIX＝Tokyo Stock Price Index ／ IPCC＝Intergovernmental Panel on Climate Change ／ GDP＝Gross Domestic Product ／ NATO＝North Atlantic Treaty Organization ／ TPP＝Trans-Pacific Partnership ／ EPA＝Economic Partnership Agreement ／ GPS＝Global Positioning System ／ IAEA＝International Atomic Energy Agency ／ NASA＝National Aeronautics and Space Administration ／ NPO＝Non-Profit Organization／ WTO＝World Trade Organization ／ SDGs＝Sustainable Development Goals ／ RCEP＝Regional Comprehensive Economic Partnership ／ NPT＝Nuclear Non-Proliferation Treaty ／ IOC＝International Olympic Committee ／ IMF＝International Monetary Fund ／ FRB＝Federal Reserve Board

✓ チェックドリル

Question	Answer
◆次の英文略語を日本語に直しなさい。	
□ **1** WHO（World Health Organization）	1 世界保健機関
□ **2** TOPIX（Tokyo Stock Price Index）	2 東証株価指数
□ **3** NATO（North Atlantic Treaty Organization）	3 北大西洋条約機構
□ **4** IPCC（Intergovernmental Panel on Climate Change）	4 気候変動に関する政府間パネル

Question	Answer
☐**5** GDP（Gross Domestic Product）	5 国内総生産
☐**6** IAEA（International Atomic Energy Agency）	6 国際原子力機関
☐**7** TPP（Trans-Pacific Partnership）	7 環太平洋経済連携協定
☐**8** EPA（Economic Partnership Agreement）	8 経済連携協定
☐**9** GPS（Global Positioning System）	9 全地球測位システム
☐**10** NPO（Non-Profit Organization）	10 非営利団体
☐**11** NASA（National Aeronautics and Space Administration）	11 米航空宇宙局
☐**12** RCEP（Regional Comprehensive Economic Partnership）	12 地域的な包括的経済連携協定
☐**13** WTO（World Trade Organization）	13 世界貿易機関
☐**14** SDGs（Sustainable Development Goals）	14 持続可能な開発目標
☐**15** IOC（International Olympic Committee）	15 国際オリンピック委員会
☐**16** NPT（Nuclear Non-Proliferation Treaty）	16 核不拡散条約
☐**17** IMF（International Monetary Fund）	17 国際通貨基金

英語

ことわざ・慣用句

●覚えておきたいことわざ・慣用句

Easy come, easy go. / Bad money drives out good. / A rolling stone gathers no moss. / A little learning is a dangerous thing. / Persistence pays off. / There is no accounting for tastes. / Do in Rome as the Romans do. / After a storm comes a calm. / Birds of a feather flock together. / Too many cooks spoil the broth. / Bad luck often brings good luck. / Every man has his faults. / The darkest place is under the candlestick. / No pain, no gain. / Four eyes see more than two. / Penny wise and pound foolish.

✓ チェックドリル

Question

◆次のことわざ・慣用句の日本語訳を答えなさい。

☐ **1** Easy come, easy go.

☐ **2** Bad money drives out good.

☐ **3** A rolling stone gathers no moss.

☐ **4** A little learning is a dangerous thing.

☐ **5** Persistence pays off.

☐ **6** There is no accounting for tastes.

☐ **7** Do in Rome as the Romans do.

Answer

1 悪銭身につかず

2 悪貨は良貨を駆逐する

3 転石苔を生ぜず

4 生兵法は大けがのもと

5 継続は力なり

6 蓼食う虫も好きずき

7 郷に入っては郷に従え

Question

☐**8** After a storm comes a calm.

☐**9** Birds of a feather flock together.

☐**10** Too many cooks spoil the broth.

☐**11** Bad luck often brings good luck.

☐**12** Every man has his faults.

☐**13** The darkest place is under the candlestick.

◆次の英文のことわざ・慣用句が日本語に示す意味になるように（ ）を補いなさい。

☐**1** No （ ）, no gain.
苦労なくして得るものなし

☐**2** Four （ ） see more than two.
三人寄れば文殊の知恵

☐**3** The law is not the same at （ ） and at night.
朝令暮改

☐**4** Penny （ ） and pound foolish.
安物買いの銭失い

☐**5** He who would climb the ladder must begin at the （ ）.
千里の道も一歩から

Answer

8 雨降って地固まる

9 類は友を呼ぶ

10 船頭多くして船山に上る

11 災い転じて福となす

12 なくて七癖

13 灯台もと暗し

1 pain

2 eyes

3 morning

4 wise

5 bottom

英語

201

Question

Answer

☐**6** Time flies like an (　　).
光陰矢のごとし

6 arrow

☐**7** The (　　) bird catches the worm.
早起きは三文の徳

7 early

☐**8** What happens twice will happen (　　).
二度あることは三度ある

8 thrice

☐**9** A good medicine tastes (　　).
良薬は口に苦し

9 bitter

☐**10** Third (　　) lucky.
三度目の正直

10 time

☐**11** (　　) makes perfect.
習うより慣れよ

11 Practice

☐**12** Easier said than (　　).
言うは易く行うは難し

12 done

☐**13** Even a (　　) will turn.
一寸の虫にも五分の魂

13 worm

☐**14** Out of the mouth comes (　　).
口は災いのもと

14 evil

☐**15** Don't teach (　　) to swim.
釈迦に説法

15 fishes

文法

キーワード

●覚えておきたい構文・用法

too ～ to ～ / so ～ that ～ / ～ enough to ～ / such ～ that ～ / little ～ / ought to ～ / had better ～ / advise ～ to ～ / more ～ than ～ / should have ～ / suggest ～ing / close to ～ / If it were not for ～ / Would you mind ～ ? / used to ～

●覚えておきたい仮定法の形

If I were ～，過去形⇒実際にはあり得ない仮定をして、現在の事実に反することを表す。

I wish ＋過去形⇒現在の事実に反すること、

＋過去完了形⇒過去の事実に反することを表す。

☑ チ ェ ッ ク ド リ ル

Question	Answer
◆次の英文の下線部の間違いを正しなさい。	
□**1**　I was too tired <u>for</u> drive.	1　to
□**2**　The question is <u>much</u> difficult that I can not solve.	2　so
□**3**　She is bright <u>but</u> not to do so.	3　enough
□**4**　It was such a fine day <u>though</u> we had a picnic.	4　that
□**5**　He spent what <u>few</u> money he had to buy a new car.	5　little
□**6**　It ought to <u>being</u> true.	6　be

英語

203

✓ チ ェ ッ ク ド リ ル

Question

☐**7** You had better <u>practiced</u> it.

☐**8** A desk is <u>next</u> the chair and the door.

☐**9** He is <u>more tall</u> than his brother.

☐**10** I <u>did</u> have gone to the dentist yesterday.

☐**11** If I had worked yesterday, I <u>have</u> finished it.

☐**12** She suggested <u>to go</u> to the theater.

☐**13** This is the room <u>what</u> he lived.

☐**14** He removes items <u>to</u> a car.

☐**15** A picture has been hung <u>at</u> the wall.

☐**16** If I <u>am</u> you, I wouldn't do that.

☐**17** If it were not <u>with</u> the sun, nothing could live.

☐**18** Would you <u>minded</u> if I smoke?

☐**19** I wish I <u>can</u> meet you next week.

☐**20** A group of people is getting <u>to</u> a bus.

☐**21** I <u>research</u> for a new camera.

Answer

7 practice

8 between

9 taller

10 should

11 would have

12 going

13 where

14 from

15 on

16 were

17 for

18 mind

19 could

20 on

21 look

204

数学・理科

数学

キーワード

・因数分解

$a^2 + 2ab + b^2 = (a + b)^2$

$a^2 - 2ab + b^2 = (a - b)^2$

$a^2 - b^2 = (a + b)(a - b)$

$x^2 + (a + b)x + ab = (x + a)(x + b)$

・順列

$${}_nP_r = n(n-1)(n-2)\cdots\cdots(n-r+1) = \frac{n!}{(n-r)!}$$

・組み合わせ

$${}_nC_r = \frac{{}_nP_r}{r!} = \frac{n!}{r!(n-r)!}$$

・確率

$$P(A) = \frac{\text{事象}A\text{の起こる場合の数}}{\text{起こり得るすべての場合の数}}$$

・扇形の弧の長さと面積

半径r、中心角$a°$の扇形の弧の長さをl、面積をSとすると

$$l = 2\pi r \times \frac{a}{360} \qquad S = \pi r^2 \times \frac{a}{360}$$

☑ チェックドリル

Question	Answer
①次の計算をしなさい。	
☐ **1**　$-11 \times (-7) + 44$	1　121
☐ **2**　$-0.8 + 0.5 - (-1.2)$	2　0.9
②次の式を展開しなさい。	
☐ **1**　$(3x + 7)(3x - 7)$	1　$9x^2 - 49$

Question

□**2** $(x + 3y)(2x - 4y)$

③次の式を因数分解しなさい。

□**1** $x^2 - 8x + 12$

□**2** $(x - y)^2 - z^2$

④次の連立方程式を解きなさい。

□**1** $\begin{cases} 2x - y = 1 \\ 3x + y = 9 \end{cases}$

⑤次の2次方程式を解きなさい（解説は
　P.210）。

□**1** $x^2 - 3x + 2 = 0$

□**2** $6x^2 - 12x - 18 = 0$

⑥次の問いに答えなさい（解説はP.210～213）。

□**1** 次の関数の最大値・最小値があれば求
　　めなさい。
　　$y = 2x - 1$ 　$(0 < x \leqq 2)$

□**2** 次の関数のグラフをx軸方向に1、y軸
　　方向に2、平行移動したときのグラフを
　　表す関数を求めなさい。
　　$y = x^2 + 1$

□**3** 次の関数の最大値・最小値を求めなさい。
　　$y = -x^2 + 2$ 　$(0 \leqq x \leqq 2)$

Answer

2 　$2x^2 + 2xy - 12y^2$

1 　$(x - 2)(x - 6)$

2 　$(x - y + z)(x - y - z)$

1 　$x = 2$、$y = 3$

1 　$x = 1$、2

2 　$x = -1$、3

1 　最大値3$(x = 2)$
　　最小値なし

2 　$y = (x - 1)^2 + 3$

3 　最大値2$(x = 0)$
　　最小値－2$(x = 2)$

数学・理科

Question

□4 次の不等式を解きなさい。

$x^2 - 3x + 2 > 0$

□5 20人の会員の中から3人の役員を選ぶとき、その選び方は何通りあるか。

□6 両親と4人の子どもが円形のテーブルに着くとき、両親が隣り合わせに着席する方法は何通りあるか。

□7 0から3までの4枚のカードから3枚を抜き出して並べるとき、3けたの数字にならない確率を求めなさい。

□8 青玉3個、黄玉4個を袋に入れる。この袋から3個の玉を同時に取り出すとき、取り出した玉が3個とも黄玉である確率を求めなさい。

□9 全体で30人のうち、サッカーをする人は20人、野球をする人は15人、両方する人は10人のとき、両方しない人は何人か。

□10 50人の国語と英語のテストの結果が、70点以上は国語23人、英語17人、両科目とも70点未満は25人のとき、両科目とも70点以上は何人か。

□11 15%の食塩水が500gある。ここに水を100g加えると何%の食塩水になるか。

Answer

4 $x < 1$、$x > 2$

5 1140通り

6 48通り

7 1／4

8 4／35

9 5人

10 15人

11 12.5%

□**12** ある品物に原価の３割増の定価をつけて100個を売ったところ、15万円の粗利を得た。この品物の定価を求めなさい。

12 6500円

□**13** ３時から４時の間で、時計の長針と短針が重なる時刻を求めなさい。

13 3時16 4／11分

□**14** ある工事を仕上げるのに弟は６時間、兄は４時間かかる。２人で一緒に仕事をすると、何時間で仕上げられるか。

14 2時間24分

□**15** Aは時速2.7km、Bは時速3.9kmの速さで、１周990ｍの池の周りを同じ地点から反対方向に歩いた。AとBは何分後に出会うか。

15 9分後

□**16** 次の空欄にあてはまる数を求めなさい。
０、２、６、□、20、30、……

16 12

□**17** 半径が12cm、弧の長さが３πcmの扇形の中心角を求めなさい。

17 45°

□**18** 底面の半径が10cm、高さが15cmの円すいの体積を求めなさい。

18 500 π㎤

□**19** A、B二つの直方体の相似比が２：３で、Aの表面積が80㎠のとき、Bの表面積を求めなさい。

19 180㎠

□**20** ２進法で表した11010を10進法で表すといくつになるか。

20 26

数学・理科

解説

①～④の解説は省略

⑤

1 $x^2 - 3x + 2 = 0$
かけて2、足して-3なので
$(x-1)(x-2) = 0$
$\therefore x = 1$、2

2 $6x^2 - 12x - 18 = 0$
共通項6でくくって因数分
解をすると
$6(x+1)(x-3) = 0$
$\therefore x = -1$、3

⑥

1 $y = 2x - 1 \quad (0 < x \leqq 2)$ この式を図示すると

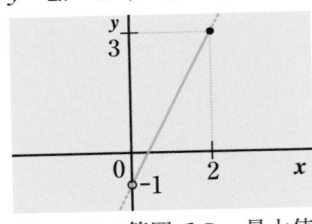

$0 < x \leqq 2$の範囲での、最大値は$x = 2$のとき3、最小値はなし

2 $y = x^2 + 1 \cdots\cdots (1)$
(1)はy軸との交点は$(0, 1)$
この関数をx軸方向に1、y軸方向に2、平行移動すると
交点は$(1, 3)$。よって平行移動後の関数は、$y = (x-1)^2 + 3$

3 関数$y = -x^2 + 2$ を図示すると

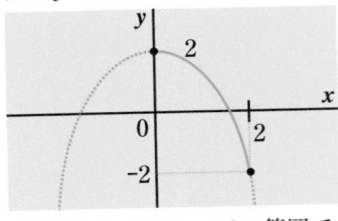

上図において$0 \leqq x \leqq 2$の範囲で、最大値は2($x = 0$)、最小値は
$-2(x = 2)$

4 $x^2 - 3x + 2 > 0$
$(x - 2)(x - 1) > 0$
上式より、$x < 1$、$x > 2$

5   20人の会員から3人の役員を選ぶ組み合わせは、nからrを選ぶ組み合わせの公式
$_nC_r = _nP_r / r!$ より、$n = 20$、$r = 3$なので
$_{20}C_3 = _{20}P_3 / 3! = 20 \cdot 19 \cdot 18 / 3 \cdot 2 \cdot 1 = 6840 / 6 = 1140$（通り）

6   円形テーブルに子ども4人が席に着き、両親が隣り合わせに着席する。父母をセットにして5人で円順列をつくるとすると、
$n = 5$　$(n - 1)! = 4!$(通り)
その各々について父母の座席を入れ替える方法は$2!$通り
よって、$4! \times 2! = 4 \cdot 3 \cdot 2 \cdot 1 \times 2 \cdot 1 = 24 \times 2 = 48$（通り）

7   0から3までの4枚のカードから3枚を抜き出す場合の数は、
$_4P_3 = 4 \cdot 3 \cdot 2 = 24$（通り）
このうち、3けたの数字にならないのは、最初に0を引いたときで、
(0, 1, 2)、(0, 1, 3)、(0, 2, 1)、(0, 2, 3)、(0, 3, 1)、
(0, 3, 2)の6通り
よって、求める確率は、$6 / 24 = 1 / 4$

8   青玉3個、黄玉4個だから、3個を同時に取り出し、3個とも黄玉である確率は、$4 / 7 \times 3 / 6 \times 2 / 5 = 24 / 210 = 4 / 35$

9   全体で30人
サッカーをする人は20人、野球をする人は15人、両方する人は10人、野球かサッカーのどちらか一方をする人は $(20 + 15) - 10 = 25$(人)
よって、両方しない人は、$30 - 25 = 5$(人)

10 全体で50人

国語・英語 70点以上

70点以上　　　国語　23人　　　英語　17人

70点未満　　　両科目とも　25人

両科目とも　70点以上は

国語・英語　70点以上　23＋17＝40（人）

どちらか一方が70点以上は、50－25＝25（人）

したがって40－25＝15（人）

11 濃度算の問題

15%の食塩水500ｇ中に食塩は500×0.15＝75ｇある。

これに水100ｇを加えたときの食塩水の濃度は次の式で求められる。

　　75ｇ÷（500ｇ＋100ｇ）×100＝75ｇ÷600ｇ×100＝12.5%

12 損益算の問題

ある品物に原価の3割増の定価をつけ、100個を売ったところ15万円の粗利を得た。この品物の定価は、定価をx、原価をaとすると、

　　$x = 1.3a$　$0.3a \times 100 = 150000$円　$a = 5000$円

　　$x = 1.3 \times 5000$円＝6500円

13 時計算の問題

短針は0.5°／分、長針は6°／分進む。3時から4時までの間に長針と短針が重なる時間をx分とすると、短針は3時からスタートなので90°加える。

　　$0.5 \times x + 90 = 6 \times x$　$0.5x + 90 = 6x$　$5.5x = 90$

　　$x = 180 ／ 11 = 16$　4／11（分）　∴3時16　4／11分

14 仕事算の問題

ある工事全体の仕事量をＡとすると、

兄はＡ／4（時間）、弟はＡ／6（時間）となる。

2人で一緒に仕事をすると、かかる時間は、

　　Ａ÷（Ａ／4＋Ａ／6）＝Ａ÷（（3Ａ＋2Ａ）／12）＝Ａ÷5Ａ／12

　　＝2.4時間＝2時間24分

15 出会い算の問題

A は45m／分、B は65m／分、A と B との距離は990m。

よって、求める時間は「距離÷速さ＝時間」より

$990\mathrm{m} \div (45\mathrm{m} + 65\mathrm{m}) = 990\mathrm{m} \div 110\mathrm{m} = 9(分)$

16 0、2、6、□、20、30、……

$2 - 0 = 2$　$6 - 2 = 4$　$30 - 20 = 10$

□＝12とすると、

$□ - 6 = 6$　$20 - □ = 8$　となり、

二つの数の差が　$n + 2$ となるので、□＝12は正しい。

17 半径12cmの円周の長さ L は $2\pi r$

よって、$L = 2\pi \times 12 = 24\pi$

弧の長さ 3π (cm) の扇形の中心角 a は、$3\pi = 24\pi \times a ／ 360$

$\therefore a = 45°$

18 円すいの体積を V とすると、$V = 1／3Sh$（S は底面積、h は高さ）

$S = \pi r^2 = \pi \times 10 \times 10 = 100\pi\mathrm{cm^2}$　$h = 15\mathrm{cm}$

$\therefore V = 1／3 \times 100\pi \times 15 = 500\pi\mathrm{cm^3}$

19 A、B 二つの直方体があり、2：3の相似比で、A の表面積が80 cm²なので、面積の相似比は $2^2 : 3^2 = 4 : 9$ となり

B の面積＝A の面積×9／4＝80cm²×2.25＝180cm²

20 2進法では、5けたが 2^4、4けたが 2^3、3けたが 2^2、2けたが 2^1、1けたが 2^0 で表されるので、11010は次のようになる。

$2^4 \times 1 + 2^3 \times 1 + 2^2 \times 0 + 2^1 \times 1 + 2^0 \times 0 = 16 + 8 + 0 + 2 + 0 = 26$

よって、10進法では26になる。

物理

<キーワード>

●**覚えておきたい単位**：電流＝アンペア（A）／電圧＝ボルト（V）／抵抗＝オーム（Ω）／熱量・仕事・エネルギー＝ジュール（J）／電力＝ワット（W）／照度＝ルクス（lx）／圧力＝パスカル（Pa）／気圧＝ヘクトパスカル（hPa）／力＝ニュートン（N）／質量＝グラム（g）／長さ＝メートル（m）、オングストローム（Å）／音速＝マッハ（Ma）／周波数＝ヘルツ（Hz）

●**覚えておきたい法則**：万有引力の法則／慣性の法則／作用反作用の法則／フレミングの法則／エネルギー保存の法則

☑ チェックドリル

Question

◆**次に示す法則を何と呼ぶか答えなさい。**

□**1** 気体の体積は圧力に反比例し、絶対温度に比例する。

□**2** 二つの物体が引き合う力は、質量の積に比例し、距離の2乗に反比例する。

□**3** 作用を及ぼす物体と及ぼされる物体の間に働く力についての法則で、一方が受ける力と他方が受ける力は向きが反対で大きさが等しい。

□**4** 静止している物体は力が加わらないかぎり静止し続け、運動している物体は力が加わらないかぎり運動状態を維持する。

Answer

1 ボイル＝シャルルの法則

2 万有引力の法則

3 作用反作用の法則

4 慣性の法則

Question

◆次の問いに答えなさい（解説は P.216）。

□**1** 下図のシーソーにA・B２人の子どもが乗っている。体重はそれぞれAが15kg、Bが18kgである。Bから支点までの距離が１ｍで釣り合うとき、Aから支点までの距離 *x* を求めなさい。

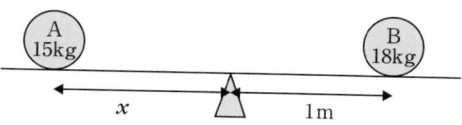

□**2** 一直線の線路を時速72kmの速さで走る電車がブレーキをかけ、一定の割合で減速して100ｍ先で停車した。ブレーキをかけてから停車するまでの時間を求めなさい。

□**3** 次の回路を流れる電流は何アンペアか。

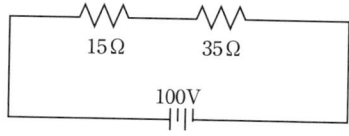

□**4** 下図の滑車が釣り合っているとき、おもりの重さ *x* を求めなさい。

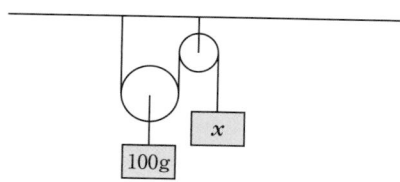

Answer

1 　1.2m

2 　10秒

3 　2アンペア

4 　50ｇ

解説

1

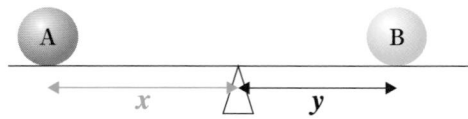

$A \times x = B \times y$
A ＝ 15kg　　B ＝ 18kg　　y ＝ 1m
よって　　x ＝ 18 × 1 ÷ 15 ＝ 1.2m

2　時速72km ＝ 72000m ÷ 3600秒 ＝ 秒速20mである。
ブレーキをかけてから一定の割合で減速し、x秒後に秒速0mにな
るとすると、速さと時間の関係は次の図のようになる。このとき、
電車が停止するまでに進んだ距離は、図の三角形の面積と等しく
なる。この面積が100（m）なので、次の計算で時間xが求められる。

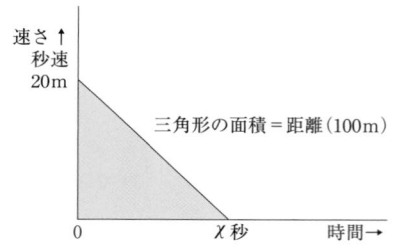

$100 = 1 / 2 \times 20x$
したがって、x ＝ 10秒

3　A ＝ V／Ω
直列抵抗の和RはR ＝ R$_1$ ＋ R$_2$ ＋ ……
よって、R ＝ 15Ω ＋ 35Ω ＝ 50Ω
　　　　A ＝ 100V ÷ 50Ω ＝ 2（A）

4

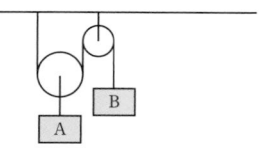

おもりをA、Bとすると
B ＝ A × 1／2　　A ＝ 100 g
∴ B ＝ 100／2 ＝ 50 g

化学

キーワード

●覚えておきたい化合物

水：H_2O ／二酸化炭素：CO_2 ／炭酸カルシウム：$CaCO_3$ ／塩化水素（塩酸）：HCl ／塩化ナトリウム：$NaCl$ ／アンモニア：NH_3 ／メチルアルコール（メタノール）：CH_3OH ／エチルアルコール（エタノール）：C_2H_5OH ／塩化亜鉛：$ZnCl_2$ ／塩化マグネシウム：$MgCl_2$ ／過酸化水素：H_2O_2 ／一酸化炭素：CO ／一酸化窒素：NO ／硝酸：HNO_3 ／炭酸ナトリウム：Na_2CO_3 ／炭酸水素ナトリウム：$NaHCO_3$

●覚えておきたい化学の基礎知識

元素／原子／分子／単体／共有結合／同位体／質量保存の法則／定比例の法則／酸化熱／中和熱／吸熱反応／電気分解

☑ チェックドリル

Question

◆次の物質の元素記号を答えなさい。

□**1** 鉄

□**2** 銅

□**3** 銀

□**4** 金

□**5** 亜鉛

□**6** ヘリウム

□**7** 酸素

Answer

1 Fe

2 Cu

3 Ag

4 Au

5 Zn

6 He

7 O

✓ チェックドリル

Question

◆次の問いに答えなさい。

□**1** 市販の使い捨てカイロなどに利用されており、鉄粉が空気に触れることで発生するのは何か。

□**2** 同濃度、同量の塩酸と水酸化ナトリウム水溶液を混ぜると液体の温度が上昇するが、これを何というか。

□**3** 原子同士が電子を共有することによって起こる、最も結合力の強い化学結合を何というか。

□**4** 原子番号と陽子の数は同じだが、中性子の数が異なる原子を何というか。

□**5** 水酸化ナトリウム（NaOH）と塩酸（HCl）が化学反応すると、水（H_2O）と何になるか。

□**6** 次の化学式を完成させなさい。
$CaCO_3 + 2HCl \rightarrow CaCl_2 + ($ 　　　$)$

□**7** 菓子づくりなどで、生地をふっくらと焼き上げるために混ぜる物質は何か。

□**8** 燃料電池の燃料となる物質は何か。

□**9** アンモニアの分子モデルを書きなさい。

Answer

1 酸化熱

2 中和熱

3 共有結合

4 同位体

5 塩化ナトリウム（NaCl）

6 $H_2O + CO_2$

7 炭酸水素ナトリウム（重曹、$NaHCO_3$）

8 水素（H）

9

生物

●覚えておきたい生物の基礎知識

顕性（優性）の法則／道管／パブロフ／条件反射／ヒトゲノム
／DNA（糖／リン酸／塩基）／減数分裂／ミトコンドリア／
テロメア／消化酵素（アミラーゼ／ペプシン／リパーゼ）／塩
基［アデニン（A）／チミン（T）／グアニン（G）／シトシ
ン（C）／ウラシル（U）］／インスリン／ウイルス／白血球／
リンパ球／ヘモグロビン／ダーウィン／進化論／クローン技術
／光合成／代謝／染色体／ランゲルハンス島／メンデルの法則

☑ チェックドリル

Question	Answer
◆次の問いに答えなさい。	
□**1** エンドウ豆の交雑実験から導き出され、遺伝子研究の先駆けとなった法則は何か。	1 メンデルの法則
□**2** 被子植物で、根から水分などを吸い上げる機能を持つ管を何というか。	2 道管
□**3** 植物が日光を浴びることで、空気中の二酸化炭素と根から吸収した水から糖と酸素を生成する働きを何というか。	3 光合成
□**4** 糖、リン酸、塩基から構成され、遺伝情報を担っている細胞内の物質は何か。	4 DNA
□**5** 違う形質を持つ純系同士をかけ合わせたとき、子に親のいずれか一方と同じ形質が現れることを何というか。	5 顕性（優性）の法則

✓ チェックドリル

Question	Answer

□**6** 炭水化物やたんぱく質、脂肪などを消化するときに使われるアミラーゼやペプシン、リパーゼなどを総称して何というか。

6 消化酵素

□**7** 国際自然保護連合（IUCN）が発表する、絶滅の恐れがある動植物などを記載した一覧を何というか。

7 レッドリスト

□**8** 感染症の原因の一つとなり、細胞を持たず他の生物の細胞を利用して増殖する構造体は何か。

8 ウイルス

□**9** 生殖細胞ができるとき、染色体がもとの細胞の半分になる分裂を何というか。

9 減数分裂

□**10** 血液に含まれる細胞成分の一つで、体内に侵入した異物を排除する働きを持ち、免疫機能を担うものは何か。

10 白血球

□**11** 酸素と結合し、血流によって体内の各組織に酸素を運ぶ働きをする物質は何か。

11 ヘモグロビン

□**12** 1859年に「種の起源」を発表し、進化論を唱えたのは誰か。

12 ダーウィン

□**13** ある個体と同一の遺伝情報を持つ個体を作る技術を何というか。

13 クローン技術

□**14** 体外から取り入れた物質から他の物質を合成したり、エネルギーを生成したりする生体内の化学反応を何というか。

14 代謝

地学

キーワード

●覚えておきたい地学の基礎知識

ケプラーの法則／ハッブルの法則／コペルニクス／天文単位（AU）／フェーン現象／ビッグバン／ブラックホール／ジャイアント・インパクト説／隕石／地質時代（先カンブリア時代／カンブリア紀／ジュラ紀／白亜紀／新生代）／大気圏（対流圏／成層圏／中間圏／熱圏）／トラフ／海溝／P波、S波／マグニチュード／カンブリア爆発／造山運動／マントル対流／カルデラ／地磁気／エルニーニョ／ラニーニャ／偏西風／貿易風／コリオリの力／潜熱（凝結熱）／アメダス／ダウンバースト

☑ チェックドリル

Question	Answer
◆次の問いに答えなさい。	
□1 惑星は太陽を焦点とする楕円軌道上を動くという法則を、発見者にちなんで何というか。	1 ケプラーの法則
□2 初めて地動説を唱えたのは誰か。	2 コペルニクス
□3 天文単位1AU＝約1億5千万kmは太陽とどの惑星との距離を基準にしているか。	3 地球
□4 重力が強すぎるために光ものみ込んでしまい、黒い影として見えるといわれる天体を何というか。	4 ブラックホール
□5 日本の冬に特徴的な気圧配置を何というか。	5 西高東低

数学・理科

221

Question

□6 台風の維持や発達のためのエネルギー源となる、上昇気流で水蒸気が凝結するときに放出される熱を何というか。

□7 気象庁の地域気象観測システムを何というか。

□8 地球の大気圏は4層から成っているが、その四つとは、遠くから順に、熱圏、中間圏、成層圏と、あと一つは何か。

□9 風が山を越えて吹き降りてくるとき、高温になって乾燥する現象を何というか。

□10 日本周辺では四つのプレートが互いにぶつかり合っているが、その四つとは太平洋プレート、ユーラシアプレート、フィリピン海プレートと、あと一つは何か。

□11 地震のエネルギーの大きさを表す単位のマグニチュードについて、マグニチュード6はマグニチュード5の何倍のエネルギーになるか。

□12 地震が起きると、揺れは第一波・第二波となって伝わるが、P波と何波か。

□13 国際地質科学連合は2020年1月に約77万4千〜12万9千年前の地質時代を何と命名したか。

Answer

6 潜熱（凝結熱）

7 アメダス

8 対流圏

9 フェーン現象

10 北米プレート

11 約32倍

12 S波

13 チバニアン

文化・スポーツ

文学史

```
キーワード
```

●覚えておきたい文学の潮流と関連の作家

写実主義＝坪内逍遥、二葉亭四迷／**紅露時代**＝尾崎紅葉、幸田露伴／**浪漫主義**＝森鷗外、北村透谷、樋口一葉、泉鏡花／**自然主義**＝島崎藤村、田山花袋、徳田秋声、正宗白鳥／**アララギ**＝伊藤左千夫、長塚節／**耽美主義**＝谷崎潤一郎、永井荷風／**白樺派**＝武者小路実篤、有島武郎、志賀直哉／**新思潮派**＝芥川龍之介、菊池寛／**新感覚派**＝横光利一、川端康成／**プロレタリア文学**＝小林多喜二、宮本百合子／**無頼派**＝坂口安吾、太宰治／**第三の新人**＝吉行淳之介、安岡章太郎

●代表的な文学作品と作者

日本文学：芥川龍之介「羅生門」／夏目漱石「三四郎」／三島由紀夫「仮面の告白」／太宰治「人間失格」／森鷗外「舞姫」／松尾芭蕉「野ざらし紀行」／志賀直哉「城の崎にて」／与謝野晶子「みだれ髪」／石川啄木「一握の砂」　**外国文学**：ビクトル・ユゴー「レ・ミゼラブル」／フョードル・ドストエフスキー「カラマーゾフの兄弟」／ヘルマン・ヘッセ「車輪の下」／アントワーヌ・ド・サン＝テグジュペリ「星の王子さま」／マーク・トウェイン「王子と乞食」／カズオ・イシグロ「日の名残り」

☑ チェックドリル

Question

□**1** 19世紀末のフランスで起こった、詩人マラルメらを中心とした反写実主義的な文学の運動を何というか。

□**2** 社会主義、共産主義と結びついて大正時代末期から昭和時代初期にかけて起こり、厳しい弾圧を受けた文学の一流派を何というか。

Answer

1 象徴主義

2 プロレタリア文学

□**3** 大正時代末期から昭和時代初期にかけて起こり、川端康成、横光利一などを代表に、伝統的な私小説リアリズムを批判し、言語表現の独立性を強調した文学の一流派を何というか。

3 新感覚派

□**4** 武者小路実篤らに代表され、自由主義の空気を背景に、人間の生命を高らかに謳い、理想主義・人道主義的な作品を著した大正時代の文学の一流派を何というか。

4 白樺派

◆次の日本文学作品の作者名を答えなさい。

□**1** 「羅生門」「河童」

1 芥川龍之介

□**2** 「三四郎」「門」

2 夏目漱石

□**3** 「仮面の告白」「潮騒」

3 三島由紀夫

□**4** 「伊豆の踊子」「雪国」

4 川端康成

□**5** 「一握の砂」「悲しき玩具」

5 石川啄木

□**6** 「人間失格」「斜陽」

6 太宰治

□**7** 「舞姫」「高瀬舟」

7 森鷗外

□**8** 「おくのほそ道」「野ざらし紀行」

8 松尾芭蕉

□**9** 「風立ちぬ」

9 堀辰雄

Question	Answer
□10 「若菜集」「夜明け前」	10 島崎藤村
□11 「みだれ髪」	11 与謝野晶子

◆次の日本文学に関する問いに答えなさい。

□1 「銀河鉄道の夜」などの童話や「春と修羅」などの詩集で知られ、農業指導にも携わった作家は誰か。

1 宮沢賢治

□2 日清戦争では記者として従軍し、帰国後に闘病生活を送りながらも短歌の革新や写生文を提唱したのは誰か。

2 正岡子規

□3 「蟹工船」を著し、プロレタリア文学の旗手といわれたのは誰か。

3 小林多喜二

□4 「曽根崎心中」などで知られる江戸時代の人形浄瑠璃や歌舞伎の作者は誰か。

4 近松門左衛門

□5 日本最初の歌集「万葉集」の成立は何時代か。

5 奈良時代

□6 武者小路実篤らと「白樺」を創刊し、簡潔な文体で自身の心を凝視したリアリズム文学を確立したのは誰か。

6 志賀直哉

◆次の外国文学作品の作者名を答えなさい。

□1 「空騒ぎ」「ハムレット」

1 ウィリアム・シェークスピア

□2 「カラマーゾフの兄弟」「罪と罰」

2 フョードル・ドストエフスキー

Question

□**3**「星の王子さま」「夜間飛行」

□**4**「ライ麦畑でつかまえて」「フラニーと
ゾーイー」

□**5**「日はまた昇る」「老人と海」

□**6**「高慢と偏見」「エマ」

□**7**「異邦人」「ペスト」

□**8**「レ・ミゼラブル」「ノートルダム・ド・
パリ」

◆次の外国文学に関する問いに答えなさい。
□**1** 目を覚ますと虫になっていたある男の
物語「変身」を著し、不条理文学の代
表格とされるチェコの作家は誰か。

□**2**「わたしを離さないで」や「日の名残り」
などの作品があり、2017年のノーベル
文学賞を受賞した長崎市出身の英国の
小説家は誰か。

□**3**「戦争と平和」「アンナ・カレーニナ」
などを書いたロシアの作家は誰か。

□**4** フランスの作家マルセル・プルースト
が生涯をかけて書いた未完の長編小説
は何か。

Answer

3 アントワーヌ・ド・
サン=テグジュペリ

4 J.D.サリンジャー

5 アーネスト・ヘミ
ングウェイ

6 ジェーン・オースティ
ン

7 アルベール・カミュ

8 ビクトル・ユゴー

1 フランツ・カフカ

2 カズオ・イシグロ

3 レフ・トルストイ

4 失われた時を求めて

文化・スポーツ

227

美術

●ルネサンス期：レオナルド・ダビンチ／ミケランジェロ・ブオナローティ／ラファエロ・サンティ　●マニエリスム期：エル・グレコ　●バロック期：ディエゴ・ベラスケス／レンブラント／ヨハネス・フェルメール　●新古典主義：ジャックルイ・ダビッド／ドミニク・アングル　●ロマン主義：ウジェーヌ・ドラクロワ　●写実主義：ジャンフランソワ・ミレー　●印象派：クロード・モネ／ピエールオーギュスト・ルノワール／ポール・セザンヌ／フィンセント・ファン・ゴッホ　●キュビズム：パブロ・ピカソ／ジョルジュ・ブラック　●シュールレアリスム：サルバドール・ダリ／ルネ・マグリット／ジョルジョ・デ・キリコ

☑ チェックドリル

Question	Answer
□**1** ジャンフランソワ・ミレーの「落穂拾い」に代表される、自然主義的な風景画が特徴の19世紀フランスに発生した画家の一派は何か。	1 バルビゾン派
□**2** 「ゲルニカ」で知られ、「青の時代」「バラ色の時代」「キュビズム」など作風がめまぐるしく変遷したスペインの画家は誰か。	2 パブロ・ピカソ
□**3** 「記憶の固執（柔らかい時計）」などの作品で知られる、シュールレアリスムを代表するスペインの画家は誰か。	3 サルバドール・ダリ

☐**4** 17世紀にオランダのデルフトで活躍し、市民生活を題材にした画家は誰か。

4 ヨハネス・フェルメール

☐**5** 彫刻、建築、土木などの分野でも活躍し、「モナリザ」「最後の晩餐」で有名なルネサンス期の画家は誰か。

5 レオナルド・ダビンチ

☐**6** 現在も建設中のサグラダ・ファミリア教会を設計したスペインの建築家は誰か。

6 アントニオ・ガウディ

☐**7** バチカンのシスティーナ礼拝堂の天井フレスコ画を描いたルネサンス期イタリアの画家・彫刻家は誰か。

7 ミケランジェロ・ブオナローティ

☐**8** ルネサンス期を代表する画家の一人で、バチカン宮殿内の壁画「アテネの学堂」や「聖母子」などで知られるのは誰か。

8 ラファエロ・サンティ

☐**9** ギリシャのクレタ島出身で、スペインの宮廷画家として16世紀後半に活躍したのは誰か。

9 エル・グレコ

☐**10**「富嶽三十六景」を描いた江戸時代の浮世絵師で、印象派にも影響を与えたのは誰か。

10 葛飾北斎

☐**11** 1970年に開かれた大阪万国博覧会会場の「太陽の塔」を制作したのは誰か。

11 岡本太郎

☐**12**「睡蓮」の連作で有名な印象派の中心的画家は誰か。

12 クロード・モネ

文化・スポーツ

音楽

●バロック音楽：アントニオ・ビバルディ／ゲオルク・フリードリヒ・ヘンデル／ヨハン・セバスチャン・バッハ
●古典派：フランツ・ヨーゼフ・ハイドン／ウォルフガング・アマデウス・モーツァルト／ルートヴィヒ・ヴァン・ベートーヴェン
●ロマン派：フランツ・ペーター・シューベルト／エクトル・ベルリオーズ／フレデリック・ショパン／ロベルト・シューマン／フランツ・リスト／リヒャルト・ワーグナー／ヨハネス・ブラームス／ピョートル・チャイコフスキー／グスタフ・マーラー
●国民楽派：ベドルジハ・スメタナ
●印象派：クロード・ドビュッシー／モーリス・ラベル

☑ チェックドリル

Question	Answer
□**1** 「マタイ受難曲」などで知られる18世紀ドイツの作曲家は誰か。	1 ヨハン・セバスチャン・バッハ
□**2** 「四季」を作曲したバロック時代の作曲家は誰か。	2 アントニオ・ビバルディ
□**3** 古典派を代表するオーストリアの作曲家で、「交響曲の父」と呼ばれるのは誰か。	3 フランツ・ヨーゼフ・ハイドン
□**4** オーストリアのザルツブルクに生まれ、5歳で作曲し、「神童」と呼ばれたウィーン古典派を代表する作曲家は誰か。	4 ウォルフガング・アマデウス・モーツァルト
□**5** 「白鳥の湖」「くるみ割り人形」などのバレエ音楽で知られるロシアの作曲家は誰か。	5 ピョートル・チャイコフスキー

Question

□**6** ドイツ音楽における「3大B」の一人 とされ、「ハンガリー舞曲」などで知ら れる作曲家は誰か。

6 ヨハネス・ブラームス

□**7** スメタナとともに「国民楽派」と呼ば れるチェコの作曲家は誰か。

7 アントニン・ドボル ザーク

□**8** 耳の病に苦しみながらも「英雄」「運命」 など数多くの作品を作り、「楽聖」と呼 ばれるドイツの作曲家は誰か。

8 ルートヴィヒ・ヴァ ン・ベートーヴェン

□**9** ニーチェの著作からインスピレーショ ンを得て、交響詩「ツァラトゥストラ はかく語りき」を作曲したのは誰か。

9 リヒャルト・シュ トラウス

□**10** オペラ「ローエングリン」、楽劇「ニー ベルングの指環」などで知られ、作曲 だけでなく劇作も手がけたドイツの作 曲家は誰か。

10 リヒャルト・ワーグ ナー

□**11** オペラ「ラ・ボエーム」「トスカ」など で有名なイタリアの作曲家は誰か。

11 ジャコモ・プッチーニ

□**12** 「ピアノの詩人」と呼ばれ、「ノクターン」 「幻想即興曲」などで知られるポーラン ドの作曲家は誰か。

12 フレデリック・ショ パン

□**13** 「ボレロ」「亡き王女のためのパヴァーヌ」 などで知られる、20世紀初頭のフラン スの作曲家は誰か。

13 モーリス・ラベル

文化・スポーツ

映画

キーワード

●覚えておきたい映画監督と作品名

溝口健二「雨月物語」「西鶴一代女」／小津安二郎「東京物語」／黒澤明「羅生門」「七人の侍」／市川崑「ビルマの竪琴」「獄門島」／今村昌平「楢山節考」「うなぎ」／伊丹十三「マルサの女」「お葬式」／北野武「HANA‐BI」「座頭市」／周防正行「シコふんじゃった。」「Shall we ダンス？」／円谷英二「モスラ」「ウルトラマン」／宮崎駿「千と千尋の神隠し」／是枝裕和「万引き家族」／セルゲイ・エイゼンシュテイン「戦艦ポチョムキン」／スティーブン・スピルバーグ「ジョーズ」／フランシス・フォード・コッポラ「ゴッドファーザー」

✓ チェックドリル

Question	Answer
□**1** 「楢山節考」「うなぎ」などの作品で知られる日本の映画監督は誰か。	1 今村昌平
□**2** 黒澤明監督の代表作で、ハリウッドで「荒野の七人」としてリメイクされた作品名は何か。	2 七人の侍
□**3** 複数のカットを組み合わせる「モンタージュ手法」を確立した旧ソ連のセルゲイ・エイゼンシュテイン監督の代表作は何か。	3 戦艦ポチョムキン
□**4** 動画の映写技術を発明したフランス人の兄弟は誰か。	4 リュミエール兄弟

☐**5** 「東京物語」など、家族を題材にしたローアングルの撮影技法が特徴的な、海外でも評価の高い日本人監督は誰か。

5 小津安二郎

☐**6** イギリスから米国に移り、「犬の生活」「街の灯」など多くの無声映画の主演・監督をした喜劇俳優は誰か。

6 チャールズ・チャプリン

☐**7** ⑥と並んで世界の喜劇王と呼ばれた、無表情なアクションやギャグで有名な俳優は誰か。

7 バスター・キートン

☐**8** イタリア系移民のマフィア一族を描いた「ゴッドファーザー」の監督は誰か。

8 フランシス・フォード・コッポラ

☐**9** 「鳥」などのサスペンス映画の巨匠で、主に米国で活躍したイギリスの監督は誰か。

9 アルフレッド・ヒチコック

☐**10** 世界三大映画祭の一つで、ドイツ北東部の都市で開かれる映画祭は何か。

10 ベルリン国際映画祭

☐**11** 毎年5月にフランス南部の都市で開催される世界三大映画祭の一つは何か。

11 カンヌ国際映画祭

☐**12** 「万引き家族」で⑪の最高賞パルムドールを受賞した映画監督は誰か。

12 是枝裕和

☐**13** 米国のブロードウェーで上演された演劇やミュージカルの中から優れた作品に贈られる賞は何か。

13 トニー賞

文化・スポーツ

サッカー・野球

キーワード

●覚えておきたいサッカー用語

国際サッカー連盟（FIFA）／FIFA ワールドカップ／Jリーグ／日本サッカー協会（JFA）／イタリア・セリエA／イングランド・プレミアリーグ／欧州サッカー連盟（UEFA）／UEFA チャンピオンズリーグ／オフサイド／アシスト／ハットトリック／ペナルティーキック／ディフェンダー／ミッドフィールダー／フォワード／ゴールキーパー／ペナルティーエリア／フリーキック／オウンゴール／イエローカード／レッドカード／サポーター／フーリガン／ホーム／アウェー／ファウル／シミュレーション／ビデオ・アシスタント・レフェリー

●覚えておきたい野球用語

メジャーリーグ／セントラル・リーグ／パシフィック・リーグ／クライマックスシリーズ／日本シリーズ／ワールド・ベースボール・クラシック（WBC）／コールドゲーム／野球殿堂／セーフティーバント／タイムリーヒット／デッドボール／フォアボール／ファウル／都市対抗野球／全国高等学校野球選手権大会（夏の甲子園）／選抜高等学校野球大会（春の甲子園）／代打／代走／イニング／マウンド／バッターボックス／タイブレーク／牽制球／打率／防御率／リクエスト制度

✓ チェックドリル

Question	Answer
□1 サッカーで、反則を受けたふりをしてPKやFKを得ようとする行為を何というか。	1 シミュレーション
□2 毎年、欧州最強のサッカー・クラブチームを決める大会は何か。	2 UEFAチャンピオンズリーグ

□3 南米サッカー連盟主催の、世界で最も古いサッカーの大陸選手権を何というか。

3 コパ・アメリカ

□4 サッカーで攻撃側の選手が前方へパスしたときに、そのボールを受ける選手と相手ゴールとの間に相手選手が2人以上いないと反則となるルールを何というか。

4 オフサイド

□5 日本が初めてサッカー・ワールドカップ本大会出場を果たしたのは、どの大会か。

5 フランス大会 (1998年)

□6 2018年のサッカーW杯ロシア大会で導入された「VAR」は、何の略か。

6 ビデオ・アシスタント・レフェリー

□7 日本のプロ野球で三冠王は、首位打者、本塁打王、あと一つは何か。

7 打点王

□8 2022年シーズンに、史上最年少で三冠王を達成した選手は誰か。

8 村上宗隆

□9 日本シリーズの出場権をかけ、シーズン成績3位以内のチームが戦う制度は何か。

9 クライマックスシリーズ

□10 投手が、四死球やエラーで出塁を許したが、相手チームを無安打・無得点に抑え、完投勝利した場合、何というか。

10 ノーヒットノーラン

□11 野球の大会などで、無死一、二塁など、点が入りやすい状況から攻撃を始めて試合を決着させる制度を何というか。

11 タイブレーク

文化・スポーツ

オリンピック

キーワード

●覚えておきたいオリンピック関連用語
国際オリンピック委員会（IOC）／日本オリンピック委員会（JOC）／聖火／パラリンピック／ピエール・ド・クーベルタン
●夏季：アテネ（1896、2004年）／パリ（1900、1924、2024年）／ベルリン（1936年）／ロサンゼルス（1932、1984、2028年）／東京（1964、2021年）／モスクワ（1980年）／ロンドン（1908、1948、2012年）／リオデジャネイロ（2016年）／ブリスベン（2032年）
●冬季：札幌（1972年）／リレハンメル（1994年）／長野（1998年）／ソルトレークシティー（2002年）／トリノ（2006年）／バンクーバー（2010年）／ソチ（2014年）／平昌（2018年）／北京（2022年）／ミラノ・コルティナダンペッツォ（2026年）

☑ チェックドリル

Question	Answer
□**1** オリンピックと同じ年に、同じ開催地で行われる、障害者を対象とした大会を何というか。	1 パラリンピック
□**2** 古代オリンピック発祥地の国の首都で、1896年に第1回大会が開かれ、2004年夏季大会の開催地にもなったのはどこか。	2 アテネ
□**3** 開催国の軍事行動に抗議して日本などがボイコットした1980年夏季大会の開催地はどこか。	3 モスクワ
□**4** 近代オリンピックを提唱したフランスの教育者は誰か。	4 ピエール・ド・クーベルタン

Question

5 ナチス・ドイツ政権のプロパガンダに利用されたといわれるベルリン大会が開催されたのは何年か。

6 オリンピック発祥の地オリンピアで点火され、開催地までリレーで運ばれるのは何か。

7 オリンピックの開催地や競技の採用を決定する機関はどこか。

8 第1回大会以来約40kmとあいまいだったマラソン競技の距離は、第8回（1924年）のパリ大会以降定着した。何kmか。

9 アジアで初開催となる五輪が東京で開かれたのは何年か。

10 夏季大会の開催年に行われていた冬季大会が、夏季大会の中間年に開催されるようになったのは何大会からか。

11 2016年に夏冬合わせて南米で初となる夏季五輪が開催された都市はどこか。

12 2024年夏季五輪が開催される都市はどこか。

13 12で新たに正式競技となる、ヒップホップなどの音楽に合わせ、1対1で何度か交互に踊って採点で競う競技を何というか。

Answer

5 1936年

6 聖火

7 国際オリンピック委員会（IOC）

8 42.195km

9 1964年

10 リレハンメル（1994年）

11 リオデジャネイロ

12 パリ

13 ブレイキン

237

スポーツ全般

●覚えておきたいスポーツの基礎知識

ゴルフ（マスターズ・ゴルフトーナメント、全米オープン、全英オープン、全米プロ）／ツール・ド・フランス／トライアスロン／ムエタイ／テコンドー／NBA／Bリーグ／テニス（全豪オープン、全仏オープン、ウィンブルドン、全米オープン、グランドスラム）／Vリーグ／ノーサイド／オールブラックス／フォーミュラワン・ワールド・チャンピオンシップ（F1）／世界ラリー選手権／ショートトラック／カーリング／講道館／ダービー／アーティスティックスイミング

☑ チェックドリル

Question	Answer
□**1** 毎年7月にフランスと周辺諸国で行われる、世界最高峰の自転車ロードレースは何か。	1 ツール・ド・フランス
□**2** スイム（水泳）、バイク（自転車ロードレース）、ラン（長距離走）を続けて行い、タイムを競うスポーツを何というか。	2 トライアスロン
□**3** 米国のプロスポーツリーグでNBAの略称をもつスポーツは何か。	3 バスケットボール
□**4** 2019年6月に**3**の米プロNBAのドラフト会議で、1巡目の全体9位で指名されたのは誰か。	4 八村塁

Question	Answer
□**5** テニスの4大大会すべてを制覇することを何というか。	5 グランドスラム
□**6** 大相撲の本場所（年6回）の開催地は、東京（3回）、大阪、名古屋と、あと一つはどこか。	6 福岡
□**7** 柔術を母体として柔道を確立した嘉納治五郎が1882年に設立し、その後の柔道の定着・普及に貢献した組織は何か。	7 講道館
□**8** 「氷上のチェス」と呼ばれ、2チームが交互に的をめがけて石を滑らせ、得点を競い合うスポーツを何というか。	8 カーリング
□**9** 「氷上の競輪」ともいわれ、4～6人の選手が同時にスタートを切り、タイムではなく順位を競い合うスケート競技は何か。	9 ショートトラック
□**10** 発祥はイギリスのエプソム競馬場で、現在では各地の競馬場で行われる3歳馬だけが出場するレースを何というか。	10 ダービー
□**11** プール内で音楽に合わせて体を動かし、技や芸術性を競う「シンクロナイズド・スイミング」は2018年に呼び方が変わったが、新しい種目名は何というか。	11 アーティスティックスイミング
□**12** すべての国民にスポーツを楽しむ権利を認めた法律は何か。	12 スポーツ基本法

文化・スポーツ

朝日キーワード 就職 2025
最新時事用語＆一般常識

2023年11月30日　第1刷発行

編　者	朝日新聞出版
発行者	宇都宮健太朗
発行所	朝日新聞出版

　　　　〒 104-8011
　　　　東京都中央区築地 5-3-2
　　　　電話　03-5541-8832（編集）
　　　　　　　03-5540-7793（販売）

印刷所　大日本印刷株式会社